過去問 上・中級公務員試験

ダイレクトナビ

政治・経済

資格試験研究会◎編

実務教育出版

「過去問ダイレクトナビ」刊行に当たって

実務教育出版に寄せられる公務員試験受験者からの感想や要望の中には

「問題と解説が離れていると勉強しづらい！」
「書き込みできるスペースがほしい！」
「どこが誤りなのかをもっとわかりやすく示してほしい！」

というものが数多くあった。

そこで，これらの意見を可能な限り取り込み，

「問題にダイレクトに書き込みを加えて，解答のポイントを明示する」

というコンセプトのもとに企画されたのが，この「過去問ダイレクトナビ」シリーズである。

「過去問ダイレクトナビ」のメリット

- ★ **問題の誤っている箇所を直接確認できるうえ、過去問からダイレクトに知識をインプットできる。**
- ★ **すでに正文化（=問題文中の誤った記述を修正して正しい文にすること）してあるので、自ら手を加えなくてもそのまま読み込める。**
- ★ **完全な見開き展開で問題と解説の参照もしやすく、余白も多いので書き込みがしやすい。**
- ★ **付属の赤いセルシートを使うと赤色部分が見えなくなるので、問題演習にも使える。**

……このように，さまざまな勉強法に対応できるところが，本シリーズの特長となっている。

ぜひ本書を活用して，あなたなりのベストな勉強法を確立してほしい！

資格試験研究会

試験名の表記について

- 国家総合職・国家Ⅰ種 ……… 国家公務員採用総合職試験，旧国家公務員採用Ⅰ種試験
- 国家一般職・国家Ⅱ種 ……… 国家公務員採用一般職試験［大卒程度試験］，旧国家公務員採用Ⅱ種試験
- 国家専門職・国税専門官 …… 国家公務員採用専門職試験［大卒程度試験］，旧国税専門官採用試験
- 裁判所 ………………………… 裁判所職員採用総合職試験，裁判所職員採用一般職試験［大卒程度試験］（旧裁判所事務官採用Ⅰ・Ⅱ種試験，旧家庭裁判所調査官補採用Ⅰ種試験を含む）
- 地方上級 ……………………… 地方公務員採用上級試験（都道府県・政令指定都市・特別区）
- 市役所 ………………………… 市役所職員採用上級試験（政令指定都市以外の市役所）
- 警察官 ………………………… 大学卒業程度の警察官採用試験
- 消防官 ………………………… 大学卒業程度の消防官・消防士採用試験

本書に収録されている「過去問」について

❶ 平成９年度以降の国家公務員試験の問題は，人事院等により公表された問題を掲載している。地方公務員試験の一部（東京都，特別区，警視庁，東京消防庁）についても自治体により公表された問題を掲載している。それ以外の問題は，受験生から得た情報をもとに実務教育出版が独自に編集し，復元したものである。

❷ 問題の論点を保ちつつ問い方を変えた，年度の経過により変化した実状に適合させた，などの理由で，問題を一部改題している場合がある。また，人事院などにより公表された問題も，用字用語の統一を行っている。

❸ 本シリーズは，「問題にダイレクトに書き込みを加えて，解答のポイントを明示する」というコンセプトに合わせて問題をセレクトしている。そのため，計算問題や空欄に入る語句を選ぶ形式の問題などは，ほとんど収録されていない。

知識分野で捨て科目を作る前に要チェック！

平成 24 年度に国家公務員の試験制度が変更され，「国家Ⅰ種」は「国家総合職」に「国家Ⅱ種」は「国家一般職」のように試験名の表記が変更された。その際，教養試験は **「基礎能力試験」** という名称に変更され，知識分野の出題数がそれまでより減っている。

しかし，これは選択解答から **必須解答に変更** されたもので，知識分野のウエートが下がったとはいえない。捨て科目を作ると他の受験生に差をつけられてしまう可能性がある。**いたずらに捨て科目を作らず** に各科目のよく出るポイントを絞って，集中的に押さえることで得点効率をアップさせよう。

本書の構成と使い方

本書の構成

過去に上・中級の公務員試験に出題された問題を分析し，重要なテーマから順に，政治50問，経済50問をセレクトして掲載した。それぞれの問題は見開きで構成されており，左のページには問題の本文とそのポイントなどを示し，右のページには解説とメモ欄を配置している。

問題タイトル

問題の内容を端的に表している。

試験名と出題年度

この問題が出題された試験名と，出題された年度。ページ下部には試験名インデックスもついている。
試験の名称表記については3ページを参照。

科目名と問題番号

カコモンキー

本シリーズのナビゲーター。
難易度によって顔が変わる!?

政治012 国会

わが国の国会に関する記述として，妥当なのはどれか。

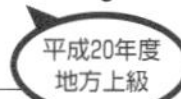

過去問ナビゲートページ

1 国会には，毎年1月に召集され150日間を会期とする通常国会，内閣が必要と認めたときに召集される~~特別国会~~（臨時国会）および衆議院解散後の総選挙の日から30日以内に召集される~~臨時国会~~（特別国会）がある。

2 ……証人の出頭，証言および記録の提出を求めることができるが，証人が偽証をした場合に罰則を科す法律は~~ない~~（ある）。

3 衆議院は予算の先議権を持ち，衆議院で可決した予算を参議院が否決した場合，~~衆議院が出席議員の3分の2以上の多数決で再可決すれば~~（両院協議会で意見が一致しなかったとき，または参議院が30日以内に議決しないとき），衆議院の議決が国会の議決になる。

4 国会は，議案に関心を持つ人々，専門的な知識や経験を持つ者の意見を聞くために，~~本会議~~（委員会）に限り公聴会を開くことができる。

5 国会の実質的な審議は，議案の内容により常任委員会あるいは特別委員会で行われ，最終的な議決は本会議でなされる。

36

問題文中の赤色部分について

誤り部分

正しい記述は，その下に赤字で示している。

要チェック箇所

正誤判断のために重要な部分。

重要語句・キーワード

絶対に覚えておきたい用語。

補足説明

正文化できない箇所の誤りの理由や，正しい記述への注釈など。

妥当な内容の選択肢

基本的には正答を示しているが，混乱を避けるため「妥当でないものを選べ」というタイプの問題では，妥当な選択肢4つに印がついている。

付属の赤シート

赤シートをかぶせると，赤字で記されている部分が見えなくなるので，実際に問題を解いてみることも可能。
自分なりの書き込みを加える際も，赤色やピンク色のペンを使えば，同様の使い方ができる。

使い方のヒント

選択肢はすでに正文化してあるので，過去問を読み込んでいくだけで試験に出たピンポイントの知識をダイレクトに習得できる。問題演習をしたい場合は，赤色部分が見えなくなる付属の赤シートを使えばよい。わざわざ解説を見るまでもなく，赤シートを外すだけで答え合わせができる。

さらに，問題に自分なりの書き込みを加えたり，右ページのメモ欄を使って重要事項をまとめたりしてみてほしい。それだけで密度の濃い学習ができると同時に，試験前までには本書が最強の参考書となっているだろう。

また，使っていくうちに，問題のつくられ方・ヒッカケ方など「公務員試験のクセ」もだんだんわかってくるはずだ。本書を使うことで，あらゆる方向から骨の髄まで過去問をしゃぶりつくせるのだ。

国会・三権分立

解説

難易度 ★ 重要度 ★★★

1 国会には通常国会（常会），臨時国会（臨時会），特別国会（特別会）がある。[Ⓐ　　　] は内閣が必要と認めたときに召集される国会，[Ⓑ　　　] は衆議院解散後の総選挙から30日以内に召集される国会である。また，衆議院の解散中に緊急の必要があるときには，参議院の [Ⓒ　　　] が開かれる。

2 国政調査権は，衆議院だけではなく両議院が持っている。また，証人が偽証した場合，議院証言法により3か月以上10年以下の懲役となる。

3 一般の法律案は，衆議院で可決し，参議院でこれとは異なった議決をした場合，衆議院において出席議員の3分の2以上の多数で再可決すれば，衆議院の議決が国会の議決になる。しかし，予算の議決については [Ⓓ　　　] が認められており，両院協議会を開いても意見が一致しないとき，または参議院が衆議院で可決した予算を受け取ってから30日以内に議決しないときには，衆議院の議決が国会の議決となる。

4 公聴会を開くことができるのは，本会議ではなく委員会である。

5 正しい。常任委員会は衆議院に17，参議院に17あり，国会議員は必ず [Ⓔ　　　] つ以上の委員会に所属しなければならない。

解説・書き込みページ

Point

- □ 国会には，会期150日で開かれる通常国会，内閣が必要と認めたときに召集される臨時国会，衆議院総選挙後に召集される特別国会がある。
- □ 両議院は国政全般を監視する国政調査権を持っており，証人の出頭や記録の提出を求めることができる。
- □ 国会の実質的な審議は，それぞれの議院に設置されている常任委員会，または必要に応じて設置される特別委員会で行われる。
- □ 委員会において，利害関係者や学識経験者などから広く意見を聞くために，公聴会を開くことができる。

Ⓐ：臨時国会，Ⓑ：特別国会，Ⓒ：緊急集会，Ⓓ：衆議院の優越，Ⓔ：1

37

テーマ名

テーマは出る順＆効率的に学べる順に並んでいる。

難易度と重要度

この問題の難しさと，内容の重要度を★で表示。

難易度	★	比較的易しい
	★★	標準レベル
	★★★	難しい
重要度	★	たまに出る
	★★	よく出る
	★★★	最頻出問題

解説

さらなる理解を促すべく，選択肢ごとに内容を補足して説明している。

※解説中の空欄
解説中の重要語句を中心に空欄をつくってあるので，穴埋め式の学習もできるようになっている。答えはPointの下に記してある。

メモ欄

使い方は自由。穴埋めの答えを右側に記して使いやすくするもよし（キーワードが際立つ効果がある），自分なりに補足知識を書き記してみてもいいだろう。

Point

この問題のポイントとなる知識を短くまとめたもの。「出る選択肢」として覚えよう。

上・中級公務員試験
過去問ダイレクトナビ 政治・経済 目次

「過去問ダイレクトナビ」刊行に当たって …… 2
本書の構成と使い方 …… 4
目次 …… 6

政　治

政治・出題の特徴 …… 10

テーマ	No.	内容	出題年度	出題された試験	難易度	重要度	ページ
憲法	001	大日本帝国憲法と日本国憲法	29	地方上級	★★★	★★☆	14
	002	自由権	R2	国家総合職	★★★	★★★	16
	003	日本国憲法の成立	27	地方上級	★★☆	★☆☆	18
基本的人権	004	法の下の平等	28	地方上級	★★☆	★★★	20
	005	精神的自由権	25	国家総合職	★★★	★★★	22
	006	精神的自由権	25	警察官	★★★	★★★	24
	007	政教分離原則	27	地方上級	★☆☆	★★★	26
	008	生存権	28	地方上級	★★★	★★★	28
	009	基本的人権	30	警察官	★★☆	★★★	30
	010	基本的人権	29	国家一般職	★★☆	★★★	32
	011	外国人の人権	R元	地方上級	★★★	★★★	34
国会・三権分立	012	国会	20	地方上級	★☆☆	★★★	36
	013	国会・国会議員	23	国家Ⅱ種	★★★	★★★	38
	014	国会議員の特権	25	地方上級	★★☆	★★☆	40
	015	衆議院	18	市役所	★★☆	★★☆	42
	016	日本の統治機構等	R元	国家専門職	★★☆	★★★	44
	017	内閣の権能	27	市役所	★☆☆	★★★	46
	018	国会・内閣に関する規定	16	警察官	★★☆	★★★	48
	019	国会と内閣の権能	18	地方上級	★★☆	★★☆	50
	020	国会の審議	28	消防官	★★☆	★★★	52

テーマ	No.	内容	出題年度	出題された試験	難易度	重要度	ページ
各国の政治制度	021	アメリカの大統領制	27	地方上級	★☆☆	★★★	54
	022	イギリスの政治制度	26	消防官	★★☆	★★☆	56
	023	イギリスとアメリカの政治制度	18	消防官	★☆☆	★★☆	58
	024	主要国の政治形態	11	国家Ⅱ種	★★☆	★★☆	60
	025	各国の政治制度	16	国税専門官	★★★	★★☆	62
	026	各国の政治制度	R2	国家総合職	★★☆	★★★	64
国際政治	027	国連	23	地方上級	★★☆	★★☆	66
	028	国際機関	25	警察官	★★☆	★★☆	68
	029	第二次世界大戦後の国際政治	12	国税専門官	★★☆	★★☆	70
	030	世界人権宣言・国際人権規約	24	地方上級	★★☆	★★☆	72
	031	世界の軍縮	R元	国家一般職	★★★	★★☆	74
選挙制度	032	日本の選挙制度	29	裁判所	★★★	★★★	76
	033	日本の選挙制度	30	市役所	★★☆	★★★	78
	034	日本の選挙制度	28	国家一般職	★★☆	★★★	80
	035	日本の選挙制度	25	警察官	★☆☆	★★☆	82
	036	政治参加（選挙制度）	27	裁判所	★★☆	★★★	84
政治学基礎	037	政治思想	R元	裁判所	★★☆	★★★	86
	038	政治や行政	25	国家一般職	★★☆	★★★	88
	039	日本の地方自治	R2	国家一般職	★★☆	★★★	90
	040	民主主義	R3	国家総合職	★★☆	★★★	92
	041	日本の行政	30	国家一般職	★★☆	★★☆	94
	042	日本の地方自治	28	地方上級	★★☆	★★★	96
	043	日本の政党政治	R3	警察官	★★☆	★★★	98
司法制度	044	違憲審査権と最高裁判所	26	警察官	★★☆	★★☆	100
	045	司法制度	27	国家専門職	★★★	★★☆	102
	046	日本の裁判所	30	地方上級	★★★	★★★	104
	047	裁判員制度	29	警察官	★★☆	★★★	106
	048	司法制度と市民のかかわり	23	国税専門官	★★★	★★☆	108
	049	裁判員制度	21	地方上級	★☆☆	★★★	110
	050	司法制度	R2	地方上級	★★☆	★★★	112

経　済

※ テーマの並び順について
本書は，試験によく出題されている重要なテーマから先に学んでいくことを基本にしており，そこに学びやすさの観点を加えた独自の並び順となっている。

テーマ	No.	内容	出題年度	出題された試験	難易度	重要度	ページ
ミクロ経済学	076	総費用曲線	27	地方上級	★★☆	★★☆	166
	077	市場の機能等	27	国家総合職	★★☆	★★★	168
	078	リカードの比較生産費説	16	国税専門官	★★☆	★★☆	170
	079	市場の失敗	21	地方上級	★★☆	★★☆	172
	080	市場の失敗	30	地方上級	★★☆	★★☆	174
マクロ経済学	081	景気変動	R3	警察官	★☆☆	★☆☆	176
	082	国民経済の指標	27	警察官	★☆☆	★★★	178
	083	国の経済規模を表す指標	23	国家Ⅱ種	★★☆	★★☆	180
	084	国内総生産	R3	国家Ⅰ種	★★★	★★★	182
	085	国民所得・景気変動	26	国家一般職	★★☆	★★☆	184
	086	物価の変動	24	地方上級	★★☆	★★★	186
	087	物価	R2	国家専門職	★★☆	★★★	188
	088	景気	29	国家専門職	★★☆	★★☆	190
	089	為替	28	国家一般職	★★☆	★★☆	192
経済史	090	国際経済体制の変遷	R2	地方上級	★☆☆	★★★	194
	091	第二次世界大戦後の日本経済	30	国家一般職	★★☆	★★☆	196
	092	第二次世界大戦後の世界経済	R元	警察官	★☆☆	★★★	198
	093	国際通貨等の動向	R2	国家一般職	★★★	★★★	200
	094	第二次世界大戦後の資本主義経済	11	国税専門官	★★☆	★★☆	202
経営・経済用語	095	経済用語	29	裁判所	★☆☆	★☆☆	204
	096	企業	24	消防官	★★☆	★★☆	206
	097	株式	17	警察官	★★☆	★★☆	208
	098	経済用語	15	地方上級	★☆☆	★★☆	210
	099	経済用語	23	地方上級	★☆☆	★★☆	212
	100	労働や雇用に関する用語	21	国税専門官	★★★	★☆☆	214

政治の出題の特徴

出題の状況

政治は，どの試験でも１～４問程度出題されており，０問ということはない。近年は「時事」「社会」「社会事情」で国際関係や政治事情の出題が増えており，政治との境界が曖昧になっている。

出題される内容

政治の出題は「法学」「日本国憲法」「政治学」「国際関係」に大別される。高校の政治・経済の内容がベースになるが，実際の試験では，専門の憲法，民法，政治学，国際関係などの基本的な知識が必要になる場合が多い。

なかでも出題頻度が高いのは日本国憲法で，「基本的人権」「国会」「司法権」の出題はかなり多い。似たような問題が頻繁に出題されるので，過去問を解くことが有効な対策となる。それ以外のテーマについても過去問を解くことは有効な対策になる。

問題の形式

文章の正誤を問うオーソドックスな形式が多いので，本書で行っているような「正文化」が有効な科目といえる。

文章の空欄に適語を入れさせる空欄補充形式も多いので，より正確に知識を定着させておく必要がある。

試験別に見た特徴

国家総合職・一般職・専門職は 24 年度に出題数が減ったので傾向は読み取りづらい。その中でも国家総合職は「国際関係」の出題が続いており，時事的な内容を含んでいるため難易度が高い。

地方上級（全国型）をはじめとして，地方公務員試験では全般的に憲法のウエートが高く，４問中３問程度が憲法である場合もある。

科目レーダー

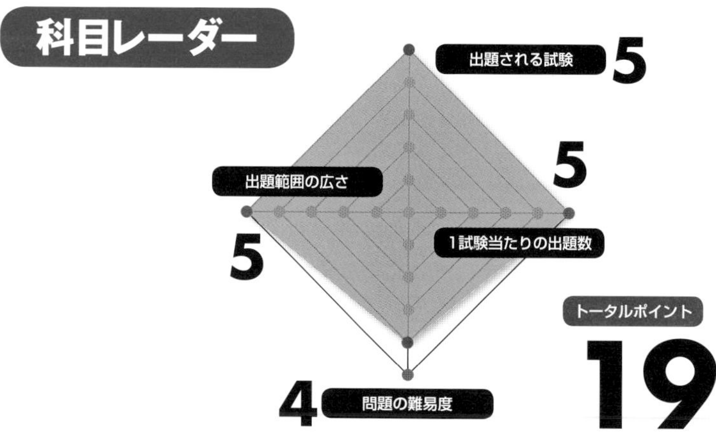

経済の出題の特徴

出題の状況

経済は，ほとんどすべての試験で出題されており，1～3問程度出題される場合が多い。国家総合職・一般職・専門職は例年各1問の出題であるが，「時事」として経済事情が出題されることもある。

出題される内容

経済の出題は「ミクロ経済学」「マクロ経済学」「財政学」「経済事情」に大別される。このうち「ミクロ経済学」「マクロ経済学」では理論問題が，「財政学」では理論問題と事情問題の両方が，「経済事情」は事情問題が出題される。

理論問題は苦手意識を持たれることが多いが，専門試験の問題に比べれば基礎的なものが多い。事情問題は『経済財政白書』『図説　日本の財政』などを素材にしたものである。

出題頻度の面でも，内容の性格からも「ミクロ経済学」の基礎知識が最重要テーマで，過去問学習が有効な対策となる。事情問題は，毎年の時事知識が必要になるが，「どんなことが問われるか」を知るという点で過去問を解く意味はある。

問題の形式

事情問題では文章の正誤を問うオーソドックスな形式が多く，本書で行っているような「正文化」が有効である。

理論問題では，計算問題はそれほど多くないが，グラフを提示する問題や，文章の空欄に適語を入れさせる空欄補充形式が多い。そうした形式であってもシンプルに用語の意味の理解を問うタイプの問題では「正文化」が有効だ。

試験別に見た特徴

国家公務員試験では経済事情や財政・金融政策の出題が多く，難易度の高い問題も含まれる。地方上級や市役所ではミクロ経済学やマクロ経済学の基礎知識を問う問題が多い。

科目レーダー

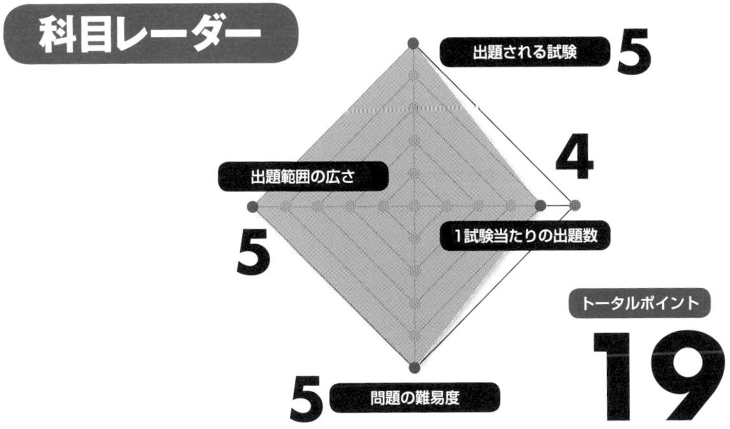

001 → 050

政治001

大日本帝国憲法と日本国憲法

大日本帝国憲法または日本国憲法に関する記述として，最も妥当なのはどれか。

平成29年度
地方上級

1 大日本帝国憲法は，君主に強い権力を認めていた~~ワイマール~~（プロイセン）憲法を参考にして，伊藤博文や井上毅らが起草し，枢密院の審議を経て，欽定（きんてい）憲法として発布された。

2 大日本帝国憲法では，天皇は統治権を総攬（そうらん）することが規定され，陸海軍の統帥（とうすい）権，緊急勅令，独立命令という天皇大権が認められていたが，条約の締結は天皇大権として認められてい~~なかった~~（た）。

3 大日本帝国憲法では，帝国議会は天皇の立法権に協賛する機関であり，各国務大臣は天皇を輔弼（ほひつ）して行政権を行使するものとされ，裁判所も天皇の名において司法権を行うものとされた。

4 日本国憲法は，連合国軍総司令部（GHQ）に提出した~~憲法研究会~~（憲法問題調査委員会）の~~高野案~~（松本案）が，大日本帝国憲法と大差のない案であったため拒否され，GHQが日本政府に示したマッカーサー草案をもとに作成された。

5 日本国憲法は，日本政府の憲法改正案として初の男女普通選挙によって選ばれた衆議院議員で構成する帝国議会に提出され，審議のうえ修正が加えられ可決されたが，この改正案の修正は生存権の規定の追加に限られ~~た~~（ていない）。

難易度★★★　重要度★★

1 大日本帝国憲法の制定に際し，議会中心のイギリス流は自由民権運動に政治進出の機会を与えるものとして拒否され，強い君主権を認める［Ⓐ　　　　］のプロイセン憲法が模範とされた。また，君主である天皇が国民に与える欽定憲法の建前をとった。

2 大日本帝国憲法では，天皇には，議会の協賛を必要とせず単独で行使できる［Ⓑ　　　　］が認められていた。これには条約の締結，宣戦・講和なども含まれる。

3 正しい。大日本帝国憲法下で天皇は統治権の総攬者であり，立法・行政・司法の三権は天皇の名で行使された。憲法に内閣の規定はなく，各大臣は個別に天皇を輔弼し，［Ⓒ　　　　］に責任を負うとされた。

4 幣原内閣設置の憲法問題調査委員会の松本委員長から提出された松本案は，天皇の統治という国体を護持するものであったため拒否され，GHQ 民政局作成のマッカーサー草案（GHQ 草案）に添って日本政府の憲法改正草案要綱が作成された。

5 1946 年４月，初の男女普通選挙として衆議院総選挙が行われ，39 名の女性議員が誕生した。枢密院での修正・可決後，この帝国議会（衆議院および［Ⓓ　　　　］）で憲法改正草案についての審議が行われ，生存権の規定をはじめ，国民主権原則の明確化や納税の義務の条文の追加などが行われた。

- ☐ 第一次世界大戦後の共和制ドイツで制定されたワイマール憲法は，生存権を含む社会権を最初に規定した憲法である。
- ☐ 憲法草案は民間グループや政党からも発表されたが，そのうちのひとつに憲法研究会の「憲法草案要綱」がある。

Ⓐ：ドイツ，Ⓑ：天皇大権，Ⓒ：天皇，Ⓓ：貴族院

自由権

わが国の自由権等に関する記述として最も妥当なのはどれか。

令和２年度
国家総合職

1 日本国憲法では，通信の秘密は，~~法律の範囲内において~~これを侵してはならないと規定されて~~おり，~~いるが，法律による制限が可能となっている。~~この規定に基づいて制定された~~必要最小限度の通信傍受法では，一定の組織犯罪については，裁判所の令状~~なしに~~があれば，捜査機関が電話，ファックス，電子メールなどを傍受できるとされている。

2 日本国憲法では，表現の自由を侵害するものとして，~~大日本帝国憲法と同様に~~検閲の禁止が規定されている。家永教科書訴訟では，ある教科書が教科書検定で不合格や条件付き合格とされたことが違憲であるかが争われ，最高裁判所は，教科書検定は検閲に~~当たり違憲~~当たらず合憲であるとの判決を下した。

3 知る権利は，表現の自由に基づく権利として，また，国や地方公共団体の保有する情報の公開を要求する権利として主張されている。なお，中央省庁などに行政文書の原則公開を義務づけている情報公開法では，「知る権利」という文言は明記されていないが，政府の説明責任（アカウンタビリティ）を全うするという目的が掲げられている。

4 プライバシーの権利は，かつては，~~自己に関する情報をコントロールする~~私生活をみだりに公開されない権利として考えられていたが，近年では，~~私生活をみだりに公開されない~~自己に関する情報をコントロールする権利としてとらえる考え方が強まっている。2000年代初頭に制定された個人情報保護関連５法は，行政機関の保有する個人情報の適正な取扱い~~について定めたものであり~~と，一定の民間事業者による取扱いについて~~は定められていない~~定めている。

5 被疑者や被告人は，本人の自白が唯一の証拠で~~あっても~~ある場合有罪となること~~があるため，~~はない日本国憲法に規定された~~思想・良心の自由および表現の自由~~人身（身体）の自由を根拠に，黙秘権が認められている。また，日本国憲法では，同一の犯罪について重ねて刑事上の責任を問われないと規定されているため，一度~~有罪~~無罪と確定した判決に対して裁判のやり直しが行われることはない。

解説

難易度 ★★★　重要度 ★★★

1 憲法は[Ⓐ　　　　　]の自由の一環として通信の秘密を保障するが，内心の自由とは異なり他人の人権と関わることから必要最小限度の制限が認められる。通信傍受法（1999 年制定）は，組織的重大犯罪について，裁判所の令状の必要などの要件を定めたうえで，捜査機関による電話等の傍受を認めている。

2 憲法は旧憲法とは異なり，行政機関が表現内容を［Ⓑ　　　　　］に審査し不適当と認めるものの発表を禁止する検閲を認めていない。教科書検定は，適切な教育内容を保障する目的で行われ，また一般図書としての発行を妨げるものでないため，検閲に当たらないとされている。

3 表現の自由に基づいて，「送り手」側の自由に加えて「受け手」側の知る権利も主張されている。中央省庁等を対象とする情報公開法（1999 年制定）は，「政府の有するその諸活動を国民に説明する責務が全うされるようにする」ことを目的とし規定している。

4 憲法 13 条を根拠とするプライバシーの権利は，国や企業による個人情報の収集・保管の進展により，自己に関する情報を［Ⓒ　　　　　］する権利ともとらえられるようになった。個人情報保護関連 5 法（2003 年制定）は行政機関と個人情報を扱う民間事業者を対象としている。

5 憲法 38 条には刑事被告人に，自己に［Ⓓ　　　　　］な供述が強要されない黙秘権や，自己に不利益な唯一の証拠が本人の自白である場合に有罪または刑罰を科さないことが規定されている。一度判決が確定した事件の再度の裁判は禁止されているが，無罪や刑を軽くするための再審は認められる。

Point

☐ 地方公共団体においては各情報公開条例に基づいて情報開示請求が行われる。

☐ 個人情報保護法は個人情報を利用するすべての民間事業者に適用される。

Ⓐ：表現，Ⓑ：事前，Ⓒ：コントロール，Ⓓ：不利益

日本国憲法の成立

日本国憲法の成立に関する記述として，妥当なのはどれか。

平成27年度
地方上級

1 日本は，~~ヤルタ会談~~により連合国に降伏し，軍国主義勢力の排除，民主主義的
ポツダム宣言受諾
傾向の復活強化，基本的人権の尊重などを実行するために，大日本帝国憲法の改正が必要となった。

2 連合国軍総司令部から大日本帝国憲法改正の示唆を受けた日本政府は，~~憲法研究会~~を設置して憲法改正作業にはいったが，この会が作成した松本草案は，大
憲法問題調査委員会
日本帝国憲法の根本原則にはなんの変更も加えていなかった。

3 連合国軍総司令部の最高司令官であるマッカーサーは，総司令部に憲法改正草案の作成を命じ，日本政府は，このマッカーサー草案をもとに憲法改正案をまとめ，日本政府案を作成した。

4 第90回帝国議会に大日本帝国憲法改正案が提出され，貴族院において若干の
衆議院と
修正ののち可決されたため，女性の参政権を認めた新選挙法によって選出された議員からなる衆議院では審議~~されなかった~~。
された

5 大日本帝国憲法の改正手続によって制定された日本国憲法は，国民みずからが主権者として制定した民定憲法として，~~1947年5月3日~~に公布され，~~同年11
1946年11月3日
月3日~~に施行された。
翌1947年5月3日

1 1945年2月のヤルタ会談では，アメリカ，イギリス，ソ連の3国は，ドイツの戦後処理やソ連の対日参戦などを決めた。ドイツ降伏後の7月，ドイツのポツダムで会談した3国は，[Ⓐ　　　　　] をまとめ，アメリカ，イギリス，中華民国の名で発表した。8月，日本がこれを受諾し，第二次世界大戦が終結した。

2 ポツダム宣言と連合国軍総司令部（GHQ）の [Ⓑ　　　　　] により，憲法の全面的な改正が必要となった。日本政府は松本烝治国務大臣を委員長とする憲法問題調査委員会を設置し，松本草案（憲法改正要綱）をまとめ総司令部に提出したが，それは大日本帝国憲法の根本原則を変更するものではなかった。憲法研究会は，この時期に相次いで新憲法草案を発表した民間の団体の一つ。

3 正しい。マッカーサーは，松本草案の提出に先立って，総司令部に [Ⓒ　　　　　]（天皇の象徴化，戦争放棄と軍備撤廃，封建的諸制度の廃止）に沿った憲法草案の作成を命じていた。松本草案を拒否した総司令部は，このマッカーサー（GHQ）草案の採用を日本政府に要求し，これをもとに日本政府案が作成された。

4 1945年12月に衆議院議員選挙法が改正され女性の国政参政権が認められた。1946年4月，これに基づき戦後初の衆議院総選挙が行われ39名の女性議員が選出された。同年6月，衆議院に憲法改正案が提出され，衆議院・貴族院両院の審議・修正を経て可決された。

5 大日本帝国憲法が [Ⓓ　　　　　] であるのに対し，日本国憲法は民定憲法である。

□ GHQは婦人参政権の付与（女性の解放），労働組合結成の奨励，教育の自由化（自由主義化），秘密警察などの廃止，経済の民主化の五大改革指令を出し，全面的な憲法改正が必要となった。

Ⓐ：ポツダム宣言，Ⓑ：五大改革指令，Ⓒ：マッカーサー三原則，Ⓓ：欽定憲法

政治004

法の下の平等

日本国憲法における法の下の平等に関する次の記述のうち，妥当なものはどれか。

平成 28 年度 地方上級

1 憲法上の平等については，従来は国民各人が法的な取扱いを受けることを保障するものであったが，今日では，社会的・経済的弱者を救済するために，結果の平等を追求するものとなってきている。~~したがって，従来の考え方は意味を失っている。~~
➡機会の平等にも依然として意味がある。

2 法の下の平等によって差別が禁止されるのは，人種，信条，性別，社会的身分または門地という憲法 14 条 1 項後段に列挙されている 5 つの事項に~~限られ，これ以外の事項による差別は憲法上許容される。~~
限られない

3 法の下とは，国民に法を平等に適用することを要請するものであり，法の内容自体が不平等である場合に，それが平等に適用されても平等は実現されないが，このことは憲法に違反~~しない~~。
する

4 法の下の平等は，法律などを国民に適用する際に，その取扱いにつき一切の区別をしてはならないことを意味するわけではなく，合理的な区別をすることは許される。

5 法の下の平等は，~~国民どうしにおいても実現されるべき基本原則であること~~から，国民どうしの差別の場合~~にも~~憲法 14 条 1 項の規定が~~直接~~適用される。
私的自治の原則を尊重する見地 / には / 間接

難易度 ★★ 重要度 ★★★

1 憲法14条は，各人を一律に取り扱う［Ⓐ　　　　　］の平等を保障するものであるが，現実に存在する不平等を放置したままこれを保障しても真の平等の保障とはならない。そこでこれを実質的に保障する観点から，併せて結果の平等も重視されるようになっている。

2 憲法14条1項後段の列挙事項については，不合理な差別事由を例示的に列挙したものである。したがって，これらに該当しない場合でも，不合理な差別的取扱いは禁止される。

3 法の内容が不平等であれば，それを平等に適用しても真の平等は実現されない。そのため，法の適用のみならず内容における平等も要請される。

4 正しい。各人には年齢や性別等の違いがあり，これを無視した均等な取扱いはかえって不合理な結果を生むことがある。憲法14条1項にいう平等とは，同一の事情・同一の条件の下では等しく取り扱うという［Ⓑ　　　　　］であり，各人の違いに着目した取扱いは，それが合理的な理由による限り許される。

5 私的自治の原則を尊重する見地から，憲法14条1項の規定は，私人間の法律関係には直接適用されず，私法の一般条項を通じて［Ⓒ　　　　　］的に適用される。

□ 近代には一律に平等な権利と自由を保障する形式的平等が求められたが，資本主義の発展とともに社会的・経済的不平等が拡大すると，その是正を求める社会権が登場し，実質的平等の確保も国家の任務となった。

Ⓐ：機会，Ⓑ：相対的平等，Ⓒ：間接

精神的自由権

日本国憲法の規定する精神的自由に関する記述として最も妥当なのはどれか。

平成25年度
国家総合職

1 裁判所の行う出版物の頒布等の事前差止めが表現行為に対する事前抑制として憲法第21条に違反しないかについて，いわゆる「北方ジャーナル」事件の最高裁判決は，表現行為に対する事前抑制は，表現の自由を保障し検閲を禁止する同条の趣旨に照らし，厳格かつ明確な要件のもとにおいてのみ許容されうるとした。

2 公金支出をめぐる国家と宗教とのかかわり合いについて，いわゆる津地鎮祭事件の最高裁判決は，国家と宗教との~~分離は厳格になされなければならず~~，政教
完全な分離を実現することは不可能に近く
分離原則が現実の国家制度として具現される場合において，わが国では宗教系私立学校への助成などが認められて~~いない~~ように，国家は実際上も宗教とのか
いる
かわり合いを~~一切もってはならない~~とした。
ある程度もたざるを得ない

3 マス・メディアの報道内容が不適切であった場合に，その被害にあった者が当該マス・メディアを通じて反論する権利（反論権）について，いわゆるサンケイ新聞事件の最高裁判決は，マス・メディアに対するアクセス権は~~憲法上国民に保障されているとした上~~，名誉毀損などの不法行為が成立~~しない場合でも~~，
具体的な成文法がないのに認めることはできない　するかどうかとは無関係に
人格権に基づく反論権は認められ~~る~~とした。
ない
➲マス・メディアは私企業であるから私人間効力の問題でもある

4 報道機関の取材の自由と国家秘密の保護に関して，いわゆる外務省秘密電文漏洩事件の最高裁判決は，憲法が国民の知る権利に奉仕する報道のための~~取材の自由を保障していることに鑑み~~，国家公務員に対する秘密漏示のそそのかしを
取材の自由は憲法21条の精神に照らして十分尊重に値する
処罰の対象としている国家公務員法の規定は憲法に違反~~し~~，当該事件における
するものではなく
報道機関の取材行為は正当なもの~~である~~とした。
ではない

5 名誉毀損の民事事件で名誉を回復するのに適当な処分として判決により新聞紙上に謝罪広告の掲載を被告に命じることについて，いわゆる謝罪広告事件の最高裁判決は，~~人の本心に反して，事の是非善悪の判断を外部に表現せしめ，心~~
単に事態の真相を告白し，陳謝の意を表明するにとどまる程度のものであれば
~~にもない陳謝の念の発露を判決をもって命ずることとなり~~，良心の自由に反~~す~~
しない
~~る~~とした。

難易度 ★★★ 重要度 ★★★

1 正しい。行政機関が行う「[Ⓐ　　　　　　]」は絶対的に禁止されるが，裁判所が行う「事前抑制」は，厳格かつ明確な要件のもとにおいて許される場合がある。

2 本肢の判例によれば，憲法の定める政教分離原則は，国家と宗教とのかかわり合いが [Ⓑ　　　　　　] とされる限度を超えることが許されない。

3 私企業であるマス・メディアにも編集の自由があるから，アクセス権の問題は基本的には [Ⓒ　　　　　　] の権利義務の問題となり，憲法は直接適用されず，具体的な法の整備が必要となる。

4 報道機関の [Ⓓ　　　　　　] は，憲法21条によって直接保障されているが，その前提となる取材の自由は，憲法21条の精神に照らして十分尊重されるにとどまる。

5 謝罪の意思表示の基礎にあるものは[Ⓔ　　　　　　]的な反省であり，憲法19条の「良心」には [Ⓔ　　　　　　] 的な要素は含まれないとされるから，判決で謝罪広告を命じても憲法には違反しないことになる。

Point

- □ 検閲は，公共の福祉を理由にしても許されない，絶対的な禁止である。
- □ 報道の自由と異なり，取材の自由は憲法によって直接保障されていない。
- □ マス・メディアに対するアクセス権を認めるためには特別の法律が必要である。

Ⓐ：検閲，Ⓑ：相当，Ⓒ：私人間，Ⓓ：報道の自由，Ⓔ：道徳

精神的自由権

集会の自由、表現の自由及び通信の秘密に関する記述として、最も妥当なのはどれか。

平成25年度
警察官

1 集会の自由は憲法の明文で~~規定されていない~~が，表現の自由の一部として保障される~~と解されている~~。
規定されている
➡明文で保障されているので，「解される」ということにならない。

2 最高裁判所の判例では，集団行進は集会の自由に含まれるため，集団行進を行うには許可を受けなければならない等の事前規制を加えることは~~一切許されない~~。
一切許されないとはいえない

3 最高裁判所の判例では，表現の自由の行使のためであれば，一般に人が自由に出入りすることのできない場所であっても，管理権者の意思に反して立ち入ることは~~許される~~。
許されない

4 通信の秘密によって保障される事項には，通信の内容だけでなく，その差出人（発信人）または受取人（受信人）の氏名・居所及び通信の日時や個数なども含まれる。

5 最高裁判所の判例では，通信の秘密が保障されているので，いかなる場合も電話傍受を~~行うことは許されない~~。
一定の要件の下で行うことが許されないわけではない

難易度 ★★★ 重要度 ★★★

1 憲法21条1項は，「集会，結社及び言論，出版その他［Ⓐ　　　　　］表現の自由は，これを保障する」と明文で規定している。

2 本肢のように，集団行進は集会の自由に含まれるとする学説も有力であるが，最高裁判所の判例では，そのようには判示されていない。また，集団行進を行うには許可を受けなければならない等の事前規制を加えることは，特定の場所または方法につき，［Ⓑ　　　　　］な基準の下では許されるとし（最大判昭29・11・24 <新潟県公安条例事件>），また，規制の文面上は許可制を採用していても，その許可制が実質的に届出制であれば合憲であるとする（最大判昭35・7・20 <東京都公安条例事件>）から，本肢のように許可制等の事前規制を加えることが一切許されないとはいえない。

3 各室玄関ドアの新聞受けに政治的意見を記載したビラを投かんする目的で，防衛庁の職員およびその家族が私的生活を営む場所である集合住宅の共用部分およびその敷地に立ち入った事案について，最高裁判所の判例は，たとえ表現の自由の行使のためとはいっても，一般に人が自由に出入りすることのできない場所に管理権者の意思に反して立ち入ることは許されないとする（最判平20・4・11）。

4 妥当である。

5 最高裁判所の判例では，電話傍受を行うことは，一定の要件の下では，捜査の手段として憲法上まったく許されないものではないとしている（最決平11・12・16）。なお，平成11年に通信傍受法が制定され，法定の要件下で，［Ⓒ　　　　　］の発する傍受令状により通信の傍受が認められた。

□ 集会の自由は，憲法の明文で規定されている。

□ 法定の要件下で，裁判官の発する傍受令状により通信傍受が許される。

Ⓐ：一切の，Ⓑ：合理的かつ明確，Ⓒ：裁判官

政教分離原則

政教分離に関する次の記述のうち，妥当なものの組合せはどれか。

平成27年度
地方上級

ア 政教分離は，国家と宗教との分離を要請するものであるが，両者の間の~~一切のかかわり合いを排除する~~趣旨である。
相当とされる限度を超えない程度のかかわり合いは認められる

イ 政教分離は，国家の宗教的中立性を制度として保障したものであり，その核心的部分を侵害することができないと解されている。
➡正確には，国家の政治的中立性を制度として定め，信教の自由を保障するものである。

ウ 宗教団体が政治上の権力を行使することは許されない~~ので~~，宗教団体が政治活動を行うこと~~も違憲である~~。
が
は違憲でない

エ 政教分離は，公教育の中立性をも要請するものであるが，場合によっては，特定の宗教を信仰する者に対して一定の配慮をすることもできる。

1…… ア，イ
2…… ア，ウ
3…… イ，ウ
4…… イ，エ
5…… ウ，エ

難易度 ★★★　重要度 ★★★

ア 憲法は20条・89条で政教分離原則を定めているが，完全分離は現実には不可能・不合理であり，社会的・文化的条件に照らして相当とされる限度を超えない程度のかかわり合いは認められるととらえられている。

イ 正しい。政教分離原則は国家の宗教的中立性を意味し，[Ⓐ　　　　] を確保するための制度的保障であり，その核心的部分は他の立法によって侵害することはできないと解されている。

ウ 憲法20条は，宗教団体が国から特権を受けまた [Ⓑ　　　　] を行使することを禁じているが，これは，国が独占すべき立法・行政等の統治権力の宗教団体による行使を禁ずるものであり，これに抵触しない限りでの政治活動は違憲とはならない。

エ 正しい。特定の宗教を信仰する者がその信仰に基づいて学校の必修科目を拒否した場合，これに配慮し代替措置を講ずることは政教分離には反しないとされている。

- □ 特定の宗教にかかわりをもつものであっても，すでに宗教性を喪失し世俗化・習俗化している行事を行うことは政教分原則に反しない。
- □ 神社へ納める玉ぐし料の公金からの支出は，政教分離原則に反する。

Ⓐ：信教の自由，Ⓑ：政治上の権力

政治008

生存権

憲法に定める生存権に関する記述として，妥当なのはどれか。

平成 28 年度
地方上級

1 生存権は，~~精神，身体及び経済活動の自由とともに，国家権力による束縛や社会的身分から個人が自由に行動する権利を保障する自由権~~に含まれる。
国民が人間たるに値する生活の保障を国家に求める社会権

2 生存権は，20 世紀に制定されたワイマール憲法で初めて規定され，ワイマール憲法では，経済的自由~~を制限することなく~~生存権の基本的な考え方を示した。
は公共の福祉による制約を受けるとし，

3 食糧管理法違反事件判決では，憲法 25 条により個々の国民は，国家に対し具体的，現実的な権利を有するものではなく，社会的立法及び社会的施設の創造拡充に従って個々の国民の具体的，現実的な生活権が設定充実されるとした。

4 ~~朝日訴訟~~事件判決では，児童福祉手当法が児童扶養手当と障害福祉年金の併給
堀木訴訟
を禁止していることは，身体障害者や母子に対する諸施策や生活保護制度の存在などに照らして合理的理由があり，立法府の裁量の範囲内であるとした。

5 ~~堀木訴訟~~事件判決では，憲法第 25 条は，全ての国民が健康で文化的な最低限
朝日訴訟
度の生活を営みうるように国政を運営すべきことを国の責務として宣言したに~~とどまらず~~，個々の国民に対して具体的権利を付与したもの~~である~~とした。
すぎず　ではない

難易度 ★★★ 重要度 ★★★

1 18世紀に，国家権力からの干渉に対して精神，身体及び経済活動の自由を保障する自由権が確立した。19世紀の資本主義の発達による貧富の差の拡大を受けて，20世紀には生存権を含む［Ⓐ　　　　］が認められるようになった。

2 1919年の［Ⓑ　　　　］共和国憲法（ワイマール憲法）は，世界で初めて社会権を規定した憲法である。資本主義経済を否定した1917年のロシア革命とは異なり，個人の経済的自由を確保しつつ社会的不平等を是正しようとした。

3 正しい。昭和23年の食糧管理法違反事件判決は，憲法25条は生存権の保障を国家の責務としているが，国家と個々の国民との間の義務・権利を定めたものではないとして，25条は国家の指針・努力目標にすぎないとする［Ⓒ　　　　］説の立場をとった。

4 昭和57年の堀木訴訟事件判決は，障害福祉年金と児童扶養手当の併給を認めない児童扶養手当法の規定が憲法違反であるという訴えに対し，食糧管理法違反事件判決を引用しつつ，生存権の内容は抽象的・相対的であり，同法の併給禁止規定は［Ⓓ　　　　］の裁量の範囲内であるとした。

5 昭和42年の朝日訴訟事件判決は，生活保護基準が憲法25条に定める最低限度の生活水準に達しないという訴えに対し，食糧管理法違反事件判決を引用しつつ同条は国の責務を宣言したにとどまり，基準設定は［Ⓔ　　　　］の裁量の範囲内であるとした。

Point

□ 社会権には生存権のほか，教育を受ける権利，労働基本権などがある。

□ 判例の主流であるプログラム規定説のほかに，憲法25条は国を拘束する法的権利であって国にはそれを保障する法的義務があるとする法的権利説がある。

Ⓐ：社会権，Ⓑ：ドイツ，Ⓒ：プログラム規定，Ⓓ：立法府，Ⓔ：行政府

基本的人権

わが国の基本的人権に関する記述として，最も妥当なのはどれか。

平成30年度
警察官

1 日本国憲法は，法の下の平等を定めているだけでなく，貴族制度の禁止，家族生活における両性の平等，選挙権の平等，教育の機会均等など，平等の原則をさまざまな面で保障している。

2 日本国憲法は表現の自由を制限する手段として検閲を禁止しているが，最高裁は，わが国で行われている教科書検定を検閲に~~あたる~~（あたらない）として~~違憲~~（合憲）の判断を下した。

3 通信の秘密は憲法の明文で規定され~~てはいないが~~（おり）表現の自由の一部として保障されると解されており，これにより犯罪捜査のための通信傍受も~~禁止されている~~（禁止されていない）。

4 本人の自白は最も信用できる証拠と~~なることから~~（いえないため），本人の自白のみでその者を有罪とし，処罰することが~~できる~~（できない）。

5 公務員の違法な行為により損害が生じた場合，違法な行為を行った公務員本人が責任を負うべきである~~ことから~~（が），国や地方公共団体に対し損害賠償を請求することは~~できない~~（できる）。

難易度 ★★ 重要度 ★★★

1 正しい。憲法14条1項は，法の下の平等の基本原則を宣言している。これは，法の平等な適用と内容における平等を意味する。この平等の原則の保障を図るため，憲法は14条2項による貴族制度の禁止をはじめとする多くの規定を設けている。

2 憲法21条2項は，言論活動に対する事前抑制のうち特に検閲を禁止する。教育水準の維持などのために行われる教科書検定制度は，思想内容の審査を目的とせず，検定不合格となっても一般図書として発行が可能であることから，検閲にあたらず合憲である。

3 憲法21条2項後段は，表現の自由の一部として通信の秘密を保護するが，犯罪捜査のための郵便物の押収や通信の傍受は要件を満たす限りにおいて認められる。わが国では［Ⓐ　　　　　］で，公的捜査機関による電話等の通信傍受が認められている。

4 憲法38条は，自白偏重による人権侵害のおそれを排除するため，1項で自己に不利益な供述を強要されない［Ⓑ　　　　　］を，2項で強制等による自白を証拠とできないとする自白法則を，3項で自白のみで有罪とできないとする補強法則を定めている。

5 憲法17条は，公務員の不法行為に対する［Ⓒ　　　　　］権を保障する。公務員の［Ⓓ　　　　　］の行使において故意・過失により不法行為が行われた場合，その責任を国・地方公共団体が代位し，公務員自身は被害者に対して直接の賠償責任は負わない。

- ☐ 教科書検定制度を合憲とした裁判として家永教科書訴訟がある。
- ☐ 憲法は基本的人権について総則部分の12条・13条，さらに22条（居住・移転・職業選択の自由）・29条（財産権の保障）で，公共の福祉による制約がある旨を規定する。

Ⓐ：通信傍受法，Ⓑ：供述拒否権(黙秘権)，Ⓒ：国家賠償請求，Ⓓ：公権力

政治010

基本的人権

日本国憲法の基本的人権に関する記述として最も妥当なのはどれか。

平成29年度
国家一般職

1 憲法は，すべて国民は法の下に平等であって，人種，信条，年齢，社会的身分または門地により，政治的，経済的または社会的関係において差別されないと定めている。~~一方，男女の体力的な差に配慮して異なる取扱をすることはむしろ合理的である~~ことから，男女で異なる定年年齢を企業が就業規則で定めることには合理的な理由が~~あり~~，憲法に~~は反しない~~。

したがって，個人の能力の評価を離れた性別のみによる異なる取扱いは
不合理とされる
なく
反する。

2 教育を受ける権利を保障するため，憲法は，すべて国民はその能力~~や環境~~に応じて等しく教育を受ける権利を有することや，その保護する子女に普通教育を受けさせる義務を負うことを定めている。また，憲法は，~~後期中等教育~~を修了するまでの間，授業料~~や教科書等に係る費用~~を無償とすると定めている。

義務教育

3 経済の自由として，憲法は，財産権の不可侵や居住・移転の自由，職業選択の自由~~，勤労の権利~~等を保障している。経済の自由は，近代憲法が人々の経済活動を国家による介入から守るために保障してきたという伝統に基づいて~~おり，~~公共の福祉による制限は認められて~~おらず，社会権やその他の新しい権利とは異なっている~~。

➔社会権である。
いるが
いる

4 刑事手続に関し，憲法は，被疑者や被告人の権利を守るため，令状主義，黙秘権~~，取調べの公開~~，弁護人依頼権など詳細な規定を設けている。しかし，~~殺人等の重大な事件については，~~裁判に慎重を期す必要があるため，有罪~~または無罪~~の判決が確定した後でも，必要な場合には，同一事件について再び裁判を行うことができる。

➔憲法に規定はない。

5 プライバシーの権利は，憲法に明文の規定はないが，幸福追求権を根拠に保障されていると考えられている。プライバシーの権利については，私生活をみだりに公開されない権利などとされてきたが，情報化社会の進展等に伴い，自己に関する情報をコントロールする権利としても考えられるようになってきている。

1 性別，年齢などの各人の差異を前提とした区別は，それが合理的である限り許されるが，男女で異なる定年年齢を定める就業規則は，個人の能力の評価を離れもっぱら性別を理由とする差別ということになり，法の下の平等の観点から，民法 90 条のいう［Ⓐ　　　　］に反しその部分が無効となる。

2 教育を受ける機会は，経済的事由など学習能力以外の事由によって差別してはならないという意味と解されている。［Ⓑ　　　　］（前期中等教育まで）の無償は，授業料の無償を意味し，教科書等の無償までは含まない。

3 経済の自由は［Ⓒ　　　　］に含まれるが，勤労の権利は社会権に含まれる。資本主義の矛盾が認識され社会権が保障されるようになる中，憲法においても経済の自由についても公共の福祉による制限が明記されている。

4 刑事被告人の権利として，公平な裁判所の迅速な［Ⓓ　　　　］を受ける権利の保障はあるが，取調べの公開（可視化）は憲法の明文によっては保障されていない。また，無罪確定後の再審は認められないが，有罪確定後に無罪や刑を軽くするための再審は行うことができる。

5 正しい。情報化社会の進展に伴い国家や大組織による個人情報の収集・管理がなされるようになった今日では，自己に関する情報を積極的にコントロールし，その閲覧や訂正を求めることが不可欠とされるようになっている。

□ 社会権には生存権，教育を受ける権利，労働基本権（勤労の権利，労働三権）などが含まれる。

Ⓐ：公序良俗，Ⓑ：義務教育，Ⓒ：自由権，Ⓓ：公開裁判

政治011

外国人の人権

外国人の人権に関する記述として，妥当なのはどれか。

令和元年度
地方上級

1 権利の性質上，日本国民のみを対象としているものを除き，外国人にも人権が保障されるが，不法滞在者には人権の保障は~~及ばない~~及ぶ。

2 地方自治体における選挙について，定住外国人に法律で選挙権を付与することは憲法上禁止されて~~いる~~いない。

3 外国人に入国の自由は国際慣習法上保障されておらず，入国の自由が保障されない以上，在留する権利も保障されない。

4 政治活動の自由は外国人にも保障されて~~おり，たとえ~~いるが，国の政治的意思決定に影響を及ぼ~~す活動であっても，~~さない限りで その保障は及ぶ。

5 ~~在留外国人には，~~何人にも みだりに指紋の押捺を強制されない自由が保障されて~~おらず~~おり，国家機関が正当な理由もなく指紋の押捺を強制~~しても~~した場合，憲法に~~は反しない~~反する。

難易度 ★★★　重要度 ★★★

1 人権は普遍的で［Ⓐ　　　　　］的な性格を有し，国民のみを対象としているものを除き，その保障は不法滞在者も含め外国人にも及ぶ。

2 地方公共団体の長や議員の直接選挙を定めた憲法93条2項の「住民」は，日本国民のみを意味し定住外国人を含まないが，法律で定住外国人に［Ⓑ　　　　　］権を認め，選挙権を付与することは，憲法上禁止されていない。

3 正しい。入国の自由は国民について憲法22条2項の［Ⓒ　　　　　］の自由の一環として保障されるが，外国人に対しては国際慣習法上保障されず，入国の継続とみられる在留の権利も保障されない。出国の自由については保障される。

4 政治活動の自由は憲法21条の精神的自由に含まれ，原則として外国人にも保障される。ただし，わが国の［Ⓓ　　　　　］的意思決定またはその実施に影響を及ぼさない限りで認められる。

5 幸福追求権を規定する憲法13条により何人もみだりに指紋の押捺を強制されない。ただし，指紋押捺制度は外国人の人物特定につき最も確実な制度として制定され，その方法も一般的に許容される限度を超えないとして合憲とされた。

Point

- ☐ 公権力の行使に直接かかわる公務員への就任権は，国民主権の原理から外国人には保障されない。
- ☐ 生存権の保障は原則として外国人には保障されず，国家の給付において自国民を外国人より優先的に扱うことも認められる。

Ⓐ：前国家，Ⓑ：地方参政，Ⓒ：外国移住，Ⓓ：政治

政治012

国会

わが国の国会に関する記述として，妥当なのはどれか。

平成20年度 地方上級

1 国会には，毎年１月に召集され150日間を会期とする通常国会，内閣が必要と認めたときに召集される~~特別国会~~（臨時国会）および衆議院解散後の総選挙の日から30日以内に召集される~~臨時国会~~（特別国会）がある。

2 ~~参議院~~（両議院）には，国政一般について調査することができる国政調査権があり，証人の出頭，証言および記録の提出を求めることができるが，証人が偽証をした場合に罰則を科す法律は~~ない~~（ある）。

3 衆議院は予算の先議権を持ち，衆議院で可決した予算を参議院が否決した場合，~~衆議院が出席議員の３分の２以上の多数決で再可決すれば~~（両院協議会で意見が一致しなかったとき，または参議院が30日以内に議決しないとき），衆議院の議決が国会の議決になる。

4 国会は，議案に関心を持つ人々，専門的な知識や経験を持つ者の意見を聞くために，~~本会議~~（委員会）に限り公聴会を開くことができる。

5 国会の実質的な審議は，議案の内容により常任委員会あるいは特別委員会で行われ，最終的な議決は本会議でなされる。

難易度 ★★★　重要度 ★★★

1 国会には通常国会（常会），臨時国会（臨時会），特別国会（特別会）がある。[Ⓐ　　　　] は内閣が必要と認めたときに召集される国会，[Ⓑ　　　　] は衆議院解散後の総選挙から 30 日以内に召集される国会である。また，衆議院の解散中に緊急の必要があるときには，参議院の [Ⓒ　　　　] が開かれる。

2 国政調査権は，衆議院だけではなく両議院が持っている。また，証人が偽証した場合，議院証言法により 3 か月以上 10 年以下の懲役となる。

3 一般の法律案は，衆議院で可決し，参議院でこれとは異なった議決をした場合，衆議院において出席議員の 3 分の 2 以上の多数で再可決すれば，衆議院の議決が国会の議決になる。しかし，予算の議決については [Ⓓ　　　　] が認められており，両院協議会を開いても意見が一致しないとき，または参議院が衆議院で可決した予算を受け取ってから 30 日以内に議決しないときには，衆議院の議決が国会の議決となる。

4 公聴会を開くことができるのは，本会議ではなく委員会である。

5 正しい。常任委員会は衆議院に 17，参議院に 17 あり，国会議員は必ず [Ⓔ　　　　] つ以上の委員会に所属しなければならない。特別委員会は，その院が必要と認めた案件について臨時に設置する委員会のことである。

Point

- ☐ 国会には，会期 150 日で開かれる通常国会，内閣が必要と認めたときに召集される臨時国会，衆議院総選挙後に召集される特別国会がある。
- ☐ 両議院は国政全般を監視する国政調査権を持っており，証人の出頭や記録の提出を求めることができる。
- ☐ 国会の実質的な審議は，それぞれの議院に設置されている常任委員会，または必要に応じて設置される特別委員会で行われる。
- ☐ 委員会において，利害関係者や学識経験者などから広く意見を聞くために，公聴会を開くことができる。

Ⓐ：臨時国会，Ⓑ：特別国会，Ⓒ：緊急集会，Ⓓ：衆議院の優越，Ⓔ：1

政治013

国会・国会議員

国会及び国会議員に関する記述として最も妥当なのはどれか。

平成23年度
国家Ⅱ種

1 国会は唯一の立法機関であり，法律案を提出できるのは国会議員と内閣である。国会議員が法律案を発議するには，一人だけで発議することはできず，一定数以上の議員の賛成が必要とされており，予算を伴う法律案を発議するには，さらに多数の賛成を必要とする。

2 国会は常に開いているものではなく，会期制をとっている。会期中に成立しなかった法律案は，いずれかの議院で可決されれば，後会に継続することが~~できる~~とされているため，次の会期において，他方の議院で~~可決されれば成立する~~。
できない
可決されても成立しない

3 ~~国会開会後~~，審議を始める前に内閣総理大臣が所信表明演説を行い，この演説に対して，~~内閣総理大臣と野党党首とのいわゆる党首討論~~が行われる。内閣総理大臣の所信表明演説は~~衆議院のみで行うのが原則であるが，衆議院と参議院の第一党が異なる場合には両院で行うこととしている~~。
臨時会と特別会の開会後や国会の会期途中で内閣総理大臣が交代した場合
議席を持つ各会派の代表者により代表質問（一般質問）
衆議院と参議院で行われる

4 国会議員は，国費で~~政策秘書３名，政務秘書１名の計４名~~までの公設秘書を付することができる。公設秘書のうち，政策秘書は資格試験に合格した者~~から採用しなければならないが~~，~~政務秘書~~の採用は国会議員の裁量に~~委ねられており~~，自らの配偶者を採用することも~~可能である~~。
政策秘書１名，職務の遂行を補佐する秘書２名の計３名
だけでなく選考採用審査認定を受けた者も採用できる
公設秘書
完全には委ねられていない
できない

5 国政調査権とは，国政に関して調査を行う~~国会~~の権能であり，証人の出頭，証言や記録の提出を求めることができる。証人には出頭義務があるが，虚偽の証言をした場合でも刑事罰が科されることは~~ない~~。また，証人の尋問中にテレビ放映などに向けた撮影を行うことは~~禁じられている~~。
議院
ある
許可されることがある

難易度 ★★★ 重要度 ★★★

1 正しい。国会議員が法律案を発議して成立した法律を議員立法という。議員が議案を発議するには，衆議院では議員20人以上，参議院では議員10人以上の賛成が必要で，予算を伴う法律案の発議には，衆議院では議員50人以上，参議院では議員20人以上の賛成を要するとされている。なお，内閣も法律案を提出でき，実際の法律案の提出は，国会議員による場合のほうが内閣による場合よりも［Ⓐ　　　　］。

2 会期中に議決に至らなかった案件は，各議院の議決で特に付託された案件と懲罰事犯の件を除いて，後会に継続しないとされる。法律案は，いずれかの議院で可決されていても，次の会期において，他方の議院で可決されても成立しない。これを［Ⓑ　　　　］の原則という。

3 所信表明演説は，国会のうち臨時会と特別会の開会後や国会の会期途中で内閣総理大臣が交代した場合，審議を始める前に内閣総理大臣が行う演説であり，この演説に対して，議席を持つ各会派の代表者により代表質問（一般質問）が行われる。この所信表明演説は，衆議院と参議院の本会議場で行われる。なお，国会のうち常会の冒頭に内閣総理大臣が内閣全体の方針や重点課題を説明する演説は，［Ⓒ　　　　］と呼ばれる。

4 国会議員は，［Ⓓ　　　　］でその職務の遂行を補佐する秘書（公設第一・第二秘書）2名のほか，主として議員の政策立案および立法活動を補佐する秘書（政策秘書）1名の計3名までの議員秘書（公設秘書）を付することができる。政策秘書は，資格試験に合格した者だけでなく選考採用審査認定を受けた者も採用できる。さらに，すべての議員秘書については，採用が国会議員の裁量に委ねられているともいえず，年齢65歳以上の者を議員秘書に採用することができないし，また，国会議員本人の配偶者を議員秘書に採用することができない。

5 国政調査権とは，国会ではなく議院の権能である。証人が虚偽の証言をした場合には［Ⓔ　　　　］ことがある。また，証人の宣誓および証言中の撮影および録音については，許可される場合があるから，証人の尋問中にテレビ放映などに向けた撮影を行うことは禁じられているとはいえない。

Point

- ☐ 国会議員が法律案を発議するには，一定数以上の議員の賛成が必要とされており，予算を伴う法律案を発議するには，さらに多数の賛成を必要とする。
- ☐ 会期中に議決に至らなかった案件は，一定の例外を除き，後会に継続されない。
- ☐ 国会議員は，国費で公設第一秘書，公設第二秘書，政策秘書の計3名までの議員秘書（公設秘書）を付することができる。
- ☐ 国政調査権は，国会ではなく議院の権能である。

Ⓐ：少ない，Ⓑ：会期不継続，Ⓒ：施政方針演説，Ⓓ：国費，Ⓔ：刑事罰が科される

政治014

国会議員の特権

国会議員の特権に関する次の記述のうち，妥当なものはどれか。

平成25年度 地方上級

1 国会議員は不逮捕特権を有しているため，国会の会期中は，たとえ院外における現行犯罪~~であっても~~（であれば），議院の許諾が~~なければ~~（なくても）逮捕することが~~できない~~（できる）。

2 国会の閉会中は，国会議員に不逮捕特権は認められないが，会期前に逮捕された議員は所属議院の要求があれば釈放される。

3 国会議員は免責特権を有しているため，院内における発言，表決，野次，暴力行為などで除名等の責任を問われることは~~ない~~（ありうる）。

4 国会議員の免責特権により免責される責任の範囲は，民事責任・刑事責任のほかに所属政党や支持団体に対する責任も~~含まれる~~（含まれない）と解されている。

5 国会議員の有する免責特権は，国会と同様に民主的基盤を有する地方議会の議員にも~~認められる~~（認められない）とするのが判例である。

難易度 ★★★ 重要度 ★★★

1 国会議員は不逮捕特権を有しているため，法律の定める場合を除いては，国会の会期中は逮捕されない（憲法50条前段）。そして，法律の定める場合として，国会法33条は「院外における［Ⓐ　　　］の場合を除いては，会期中その院の許諾がなければ逮捕されない」と規定しているから，国会の会期中でも，院外における現行犯罪であれば，議院の許諾がなくても逮捕することができる。

2 妥当である（憲法50条後段）。

3 国会議員は免責特権を有しているとする点は正しい（憲法51条）。しかし，免責特権の対象は，議院で行った演説，討論または表決についてであり（同条），野次，暴力行為はその対象に含まれないから，この点は誤りである。また，免責特権は「［Ⓑ　　　］」で責任を問われない制度であり（同条），両議院は，院内の秩序を乱した議員に対して除名等の懲罰をすることができ（憲法58条2項），院内では除名等の責任を問われることがあるから，この点も誤りである。

4 国会議員の発言等の免責特権（憲法51条）によって免除される責任の範囲は，［Ⓒ　　　］責任・刑事責任は含まれるが，所属政党や支持団体に対する責任は含まれないと解されている。

5 判例は，［Ⓓ　　　］の議員には，憲法51条の免責特権は保障されていないとする（最大判昭42・5・24）。

Point

- □ 院外における現行犯の場合には，国会議員の不逮捕特権は及ばない。
- □ 院内の秩序を乱した国会議員は，所属する議院から除名されることはある。

Ⓐ：現行犯罪，Ⓑ：院外，Ⓒ：民事，Ⓓ：地方議会

衆議院

衆議院に関する次の記述のうち，妥当なものはどれか。

平成18年度
市役所

1 予算や法律などの議決では，衆議院の優越が認められているが，憲法改正の発議については，衆議院の優越は認められていない。

この場合は内閣総辞職か衆議院解散

2 衆議院の解散が行われるのは，内閣不信任決議が可決された場合と内閣総理大臣が欠けた場合の2つである。

この場合は内閣が総辞職し，衆議院の解散は行われない

3 衆議院が解散されたときは，参議院もまた同時に~~解散~~（閉会）となる。

4 ~~衆議院~~（参議院）は，解散がなされた後であっても，国に緊急の必要があるときは緊急集会を開くことができる。

5 予算について，参議院が衆議院の可決した予算を受け取った後，国会休会中の期間を除いて30日以内に議決しないときは，~~衆議院はこれを再議決して成立させることができる~~（衆議院の議決が国会の議決となる）。

難易度 ★★★　重要度 ★★★

1 正しい。衆議院の［Ⓐ　　　　］が認められているのは，法律案の議決（憲法 59 条），予算の議決（憲法 60 条），条約の承認（憲法 61 条），［Ⓑ　　　　］の指名（憲法 67 条），内閣不信任決議（憲法 69 条）である。

2 憲法 69 条には「内閣は，衆議院で不信任の決議案を可決し，又は信任の決議案を否決したときは，10 日以内に衆議院が解散されない限り，総辞職をしなければならない」とある。よって，原理的には，内閣不信任が決議された場合に内閣総辞職か衆議院解散かの 2 つの選択肢がある。ただし，現実的には内閣は総辞職せず，衆議院解散が行われることが多い。また，内閣総理大臣がなんらかの理由で欠けた場合，内閣が［Ⓒ　　　　］しなければならないため，衆議院の解散は行われない。

3 憲法 54 条に「衆議院が解散されたときは，参議院は，同時に［Ⓓ　　　　］となる」と定められている。また，参議院議員の任期は 6 年と決まっており，参議院に解散はない。

4 衆議院の解散中に緊急の必要があるときには，内閣は参議院の［Ⓔ　　　　］を求めることができる。

5 予算については，衆議院の優越が認められているため，このような場合には衆議院の議決が国会の議決となる。

Point

- □ 衆議院は，法律案や予算の議決において衆議院の優越が認められているが，国民投票の発議においては認められていない。
- □ 衆議院の解散中に緊急の必要が生じた場合，参議院の緊急集会が開かれる。
- □ 衆議院が解散されたときに参議院も同時に閉会となるが，参議院が解散することはない。
- □ 参議院が衆議院で可決した予算を受け取ってから 30 日以内に議決しない場合，衆議院の議決が国会の議決となる。

Ⓐ：優越，Ⓑ：内閣総理大臣，Ⓒ：総辞職，Ⓓ：閉会，Ⓔ：緊急集会

日本の統治機構等

わが国の統治機構等に関する記述として最も妥当なのはどれか。

令和元年度 国家専門職

1 日本国憲法において，天皇は，日本国及び日本国民統合の象徴とされ，その地位は，主権の存する日本国民の総意に基づくものとされている。また，政治的な権能は一切持たず，衆議院を解散するなどの形式的・儀礼的な国事行為を内閣の助言と承認により行うこととされている。

2 日本国憲法において，国会は，国権の最高機関であって，国の唯一の立法機関であると定められて~~おり，その首長は内閣総理大臣であるとされている。そのため，~~衆議院と参議院が異なる議決をした場合は，~~内閣総理大臣が所属する議院~~（所定の手続きを経へた後，衆議院）の議決が国会の議決となることとされている。

3 日本国憲法において，衆議院が内閣に対して不信任決議案を可決したときは，内閣は衆議院を解散~~しなければならない~~（するか総辞職を）と定められており，（解散総選挙の場合，）総選挙の後に召集される~~臨時~~（特別）会において，内閣総理大臣の指名が他のすべての案件に先立って行われる。

4 国会は，法律案の~~作成~~（議決），予算の~~作成~~（議決），条約の~~締結~~（承認），内閣総理大臣の指名などの権限を持っており，日本国憲法において，これらについて衆議院の優越が定められている。また，内閣にも法律案の作成の権限があるが，成立する法律の過半数は~~議員~~（内閣）が提出した法律案に基づいている。

5 裁判所は，他の国家機関からの干渉を受けることなく裁判を行わなければならないため，日本国憲法において，罷免の訴追を受けた裁判官は，~~特別裁判所である~~（国会に設けられた）弾劾裁判所で，~~最高裁判所の裁判官~~（衆参各議院から７名ずつ選任される裁判員）による裁判を受けなければならないと定められている。

難易度 ★★★　重要度 ★★★

1 正しい。天皇は国政に関する権能を有せず，形式的・儀礼的な国事に関する行為（国事行為）のみを，内閣の助言と承認のもとに行う。これは憲法６条の内閣総理大臣・最高裁判所長官の任命と第７条の国事行為に限られる。その責任は，内閣が［Ⓐ　　　　　］に対して負う。

2 内閣総理大臣は，国会議員の中から国会の議決で指名されるが，国会の首長ではない。また，法律案について衆参両院が異なる議決のとき，両院協議会の開催は衆議院の判断にゆだねられ，必ずしも開かれない。衆議院で出席議員の［Ⓑ　　　　　］以上の多数で再び可決されると，これが国会の議決となる。

3 内閣不信任決議権は衆議院のみが持つ。これが可決されると，内閣は 10 日以内に衆議院が解散されない限り，［Ⓒ　　　　　］しなければならない。解散後 40 日以内に総選挙が行われ，その後 30 日以内に特別会（特別国会）が召集されると内閣は総辞職し，新たに内閣総理大臣の指名が行われる。

4 国会に法律案を提出する権限は，国会議員と両院の委員会および内閣にあるが，成立する法律案の大半は内閣提出のものである。国会への予算案の提出は内閣が行い，条約は内閣が締結し国会が承認する。

5 憲法は特別裁判所の設置を認めていない。また，裁判官は独立して公正な裁判を行うためその地位が保障され，その罷免は，1. 弾劾裁判所による裁判，2. 心身の故障による執務不能の裁判，3. 最高裁判所裁判官に対する［Ⓓ　　　　　］で決定した場合に限られている。

□ 国会の両院が予算の議決，条約の承認，内閣総理大臣の指名において異なる議決をしたときは必ず両院協議会が開かれ，なお意見が不一致の場合，衆議院の議決が国会の議決となる。

Ⓐ：国会，Ⓑ：3分の2，Ⓒ：総辞職，Ⓓ：国民審査

内閣の権能

内閣の権能に関する次の記述のうち，妥当なものはどれか。

平成27年度
市役所

1 内閣は法律を執行するが，~~執行前にその法律が違憲かどうか審査し，違憲と判断する場合には，その法律を執行しない~~。
→ このようなことはない。

2 内閣は条約を締結するが，条約の締結に当たっては事前または事後に国会の承認を経ることは~~は必要でない~~。
が必要である

3 内閣は予算を作成する権能を有するが，この予算を執行するには国会による議決が必要である。

4 内閣は政令を制定する権能を有するが，政令は法律と同等の効力を~~持つものとして，~~国会から独立して制定することが~~できる~~。
持たない。また，
できない

5 内閣は衆議院の解散権を有するが，現在までの衆議院解散は~~すべて~~内閣不信任決議が可決された場合に~~行われた~~。
行われたものもあるが，それに限らない

難易度 ★★★ 重要度 ★★★

1 内閣は法律を誠実に執行しなければならない。国会が合憲と判断して制定した法律については，[Ⓐ　　　　　] が違憲判断を行わない限り，内閣独自の判断で執行停止することはできない。

2 内閣は条約の締結権をもつが，原則として事前に，時宜によっては事後に国会の承認を経ることが必要である。条約の委任に基づいてなされる行政協定の締結には承認は必要とされない。

3 正しい。内閣には予算を作成し，国会へ [Ⓑ　　　　　] する権能が与えられており，国会の議決を経た上で執行しなくてはならない。

4 政令は内閣が制定する命令であり，憲法・法律の規定の執行のための細則を定める [Ⓒ　　　　　] と法律の委任に基づく [Ⓓ　　　　　] とがあるが，いずれもその効力は法律に劣る。現行憲法下では，国会が関与しない独立命令は認められていない。

5 内閣の衆議院の解散権は，内閣不信任決議が可決されたときに限らず，法的には自由に行使できる。重要な課題について民意を問うなどの理由で行われることもある。

Point

- □ 内閣は，内閣総理大臣とその他国務大臣とで組織される。国務大臣は原則 14 人以内であるが必要であれば 17 人以内とする。
- □ 内閣総理大臣は，国務大臣を任命し，かつ任意に罷免できる。
- □ 内閣総理大臣は，国会議員の中から選出される。国務大臣は，その過半数を国会議員の中から選ばなくてはならない。

Ⓐ：最高裁判所，Ⓑ：提出，Ⓒ：執行命令，Ⓓ：委任命令

国会・内閣に関する規定

憲法に関する記述として，妥当なものはどれか。

1 両議院の議事は，特別の定めのある場合を除き，出席議員の過半数で決するものとし，可否同数の場合は再表決することなく議長の決するところによる。

2 両議院の議員には免責特権が認められているので，議員たる国務大臣が国務大臣として議院でなした発言等についても，免責を~~受ける~~。
受けない

3 不逮捕特権は，国会の会期中に限って認められているが，閉会中であっても委員会が継続審議中の場合は，議員の不逮捕特権が~~認められている~~。
閉会中は認められていない

4 内閣総理大臣が，国務大臣を罷免するに当たっては，~~閣議にかけて他の国務大臣の意見を聞いたうえで，全会一致で決定される~~。
任意に罷免できる

5 国務大臣は，何時でも議案について発言するため議院に出席することができる権利を有しているが，答弁や説明のため出席することを求められたとしても，必ずこれに応ずる義務を~~負うものではない~~。
負う

1 正しい。なお，「特別の定めのある場合」とは，たとえば憲法改正の手続きにおいて，各議院の総議員の［Ⓐ　　　　　］以上の賛成が必要な場合などのことである。

2 議院における発言に対して責任を問われないのは，［Ⓑ　　　　　］という立場でなければならない。たとえ議員であったとしても，国務大臣という立場での発言に対しては責任を問われることに注意！

3 国会議員の不逮捕特権は国会［Ⓒ　　　　　］のみであり，「閉会中」には認められない。ちなみに，国会の「会期前」に逮捕された議員については，議院の要求があれば，会期中は釈放しなければならないことになっている。

4 国務大臣の［Ⓓ　　　　　］と罷免（ひめん）は，内閣総理大臣のみに属する権能であり，閣議決定を経る必要はない。

5 前半部分は正しいが，後半部分が誤り。［Ⓔ　　　　　］は，答弁や説明を求められた場合，議院に出席する必要がある。これは内閣総理大臣についても同様である。

Point

- □ 国会の議決は，基本的には出席議員の過半数で決する。賛成と反対が同数の場合には，議長の判断にゆだねられる。
- □ 国会議員は，議員という立場で議院において発言した内容については責任を問われない免責特権がある。
- □ 国会議員の不逮捕特権は，国会の会期中に限って認められる。
- □ 内閣総理大臣は，任意に国務大臣を罷免することができる。

Ⓐ：3分の2，Ⓑ：国会議員，Ⓒ：会期中，Ⓓ：任命，Ⓔ：国務大臣

国会と内閣の権能

国会および内閣の権能に関する次の記述のうち，妥当なものはどれか。

平成18年度
地方上級

1 国会は，国民代表機関として内閣の作成した予算案を審議する権能を有しており，内閣の作成した予算が不適当と判断する場合には，この修正を行い，あるいは自ら予算を作成することも~~認められている~~。
認められていない

2 国会は唯一の立法機関であるから，その構成員である個々の議員は，~~単独で~~予算を伴う法律案をその所属する議院に提出することができる。
一定の国会議員の賛成があれば

3 国の収入支出の決算は，内閣が次の年度にこれを国会に提出しなければならないが，国会が決算を不承認とした場合でも，すでになされた支出が無効となるわけではない。

4 内閣は条約を締結する権能を有するが，ここで条約とは文書による国家間の合意をいい，~~いわゆる行政協定なども含めて~~，すべて条約については国会の承認が必要である。
行政協定は条約に含まれず，国会の承認は不要

5 内閣は政令を制定する権能を有するが，政令は法律に違反することができず，かつ法律の委任が~~ある場合に限って~~これを制定できる。
なくても

難易度 ★★☆ 重要度 ★★☆

1 憲法73条には，内閣の事務の一つとして「[Ⓐ　　　　] を作成して国会に提出すること」が挙げられている。予算作成権は内閣のみが有するものであって，国会が予算を作成することはできない。

2 予算を伴う法律案を提出するためには，衆議院においては50人以上，参議院においては20人以上の国会議員の賛成が必要であり，[Ⓑ　　　　] で行うことはできない。

3 正しい。決算は閣議決定後に会計検査院に送付され，検査を経て次年度の[Ⓒ　　　　]に提出されるのが通例となっている。しかし，たとえ国会が決算を不承認としても，すでになされた支出が無効となることはない。

4 憲法73条には，内閣の事務の一つとして「条約を [Ⓓ　　　　] すること。但し，事前に，時宜によつては事後に，国会の承認を経ることを必要とする」とあるが，ここでの「条約」に行政協定などは含まれないので，国会の承認も不要である。

5 憲法73条には，内閣の事務の一つとして「この憲法及び法律の規定を実施するために，[Ⓔ　　　　] を制定すること。但し，政令には，特にその法律の委任がある場合を除いては，罰則を設けることができない」と定められている。政令には法律の委任がある場合とない場合があり，委任がない場合には罰則規定を設けられないという違いがある。

Point

- ☐ 予算を作成して国会に提出することは内閣の仕事であり，国会が予算を作成することはできない。
- ☐ 条約を締結することは内閣の事務であるが，事前または事後に国会の承認を得る必要がある。
- ☐ 決算は閣議決定，会計検査院による検査を経て，次年度の通常国会に提出され，国会による決算審査を受ける。
- ☐ 内閣は法律の委任がなくても政令を制定することができるが，その場合には，罰則規定を設けることができない。

Ⓐ：予算，Ⓑ：単独，Ⓒ：通常国会，Ⓓ：締結，Ⓔ：政令

国会の審議

国会の審議に関する記述として，最も妥当なのはどれか。

平成28年度
消防官

1 議案は，まず本会議にかけられ，その後，両議院に設けられた各種の委員会で詳細が審議されるが，このうち，常任委員会は，衆議院の委員会数~~の方が~~参議院の委員会数~~より多い~~。

と
は同じである

2 委員会では，重要案件について，利害関係者や学識経験者などの意見を聴く公聴会が開かれることもあるが，予算審議についてはこの公聴会を開くことが義務づけられている。

3 審議中，各大臣に代わって，各省庁の官僚が答弁する政府委員~~の存在が問題となっており~~，首相と各党党首の党首討論の導入が~~検討されているが，未だ導入に至っていない~~。

は廃止された。
行われた

4 両議院の本会議は，国民にその内容を明らかにするべく公開で行われるが，~~総議員~~の３分の２以上の多数で議決した場合は秘密会とすることができる。

出席議員

5 法律案については，衆議院の議決後，~~30日~~経過しても参議院が議決しないときは，衆議院の~~議決が国会の議決となり，~~法律が成立することになる。

60日
再議決で

解説

難易度 ★★★　重要度 ★★★

1 日本の国会は［Ⓐ　　　　］中心主義であり，議案はまず委員会で審議を尽くし採決を行う。可否いずれにおいても結果が本会議に報告され本会議で採決される。委員会否決の議案が本会議では可決されることがある（逆転可決）。常任委員会数は衆参ともに17である。

2 委員会は，重要案件について公聴会を開くことができるが，総予算及び重要な歳入法案については，公聴会を開くことが義務づけられている。なお，予算については［Ⓑ　　　　］に先議権がある。

3 1999年に国会審議の活性化と政治主導の政策決定システムの確立を目的に国会審議活性化法が成立し，国家基本政策委員会の設置とその［Ⓒ　　　　］の場としての活用，政府委員制度の廃止，副大臣・大臣政務官の設置が行われた。

4 両議院の本会議は原則公開であるが出席議員の［Ⓓ　　　　］以上の多数で議決した場合に秘密会とすることができる。一方，委員会は原則非公開であるが，報道関係者など委員長の許可を得た者には傍聴が許される。

5 衆議院可決の法案が参議院で否決された場合，衆議院が出席議員の［Ⓔ　　　　］以上の多数で再び可決すれば法律となる。参議院が60日以内に議決しないときは，参議院が否決したとみなすことができるため，衆議院は同様の再議決を行うことができる。

Point

□ 予算の議決，条約の承認，内閣総理大臣の指名について両院の議決が異なった場合には両院協議会が開かれ，一致に至らなかった場合は衆議院の議決が国会の議決となる。

□ 衆議院の議決後，予算の議決・条約の承認については30日以内，内閣総理大臣の指名については10以内に参議院が議決しないときにも，衆議院の議決が国会の議決となる。

Ⓐ：委員会，Ⓑ：衆議院，Ⓒ：党首討論，Ⓓ：3分の2，Ⓔ：3分の2

アメリカの大統領制

次のA～Eのうち，アメリカの大統領制に関する記述の組合せとして，妥当なのはどれか。

平成27年度
地方上級

A 大統領は，議会が大統領を選ぶ間接選挙によって選出される。
大統領選挙人

B 大統領は，議会の不信任決議に対し，議会を解散する権限をもつ。
を受けることはなく　もたない

C 大統領は，議会が可決した法案への署名を拒否する拒否権をもつ。

D 大統領は，議会に対し，教書を送付する権限をもつ。

E 大統領は，憲法の最終解釈権をもち，違憲立法審査権を行使する。
連邦最高裁判所　➔違憲法令審査権ともいう

1…… A，B
2…… A，E
3…… B，C
4…… C，D
5…… D，E

難易度 ★★★ 重要度 ★★★

A アメリカ大統領選挙は，州単位の［Ⓐ　　　　］選挙で行われる。大統領選挙人の数は各州選出の連邦議会議員の数と等しい。ほとんどの州では，有権者の投票で最多得票となった大統領候補者が，あらかじめ自らへの投票を誓約している選挙人団をその州の選挙人として獲得する。大統領はこの選挙人の形式的な投票によって選出される。

B アメリカでは，大統領と連邦議会議員のそれぞれが国民から選出され，国民に対して直接責任を負う。連邦議会に大統領の不信任決議権はなく，大統領に連邦議会の解散権はない。もっとも，連邦議会には，大統領を含めた公務員の重大な罪過を，［Ⓑ　　　　］裁判によって追及し罷免する権限が与えられている。

C 正しい。議会を通過した法案は大統領の署名を得て法律となる。したがって，大統領は議会通過法案に反対の場合，［Ⓒ　　　　］権を行使し，議会に送り返すことができる。ただし，上下両院が３分の２以上で再議決した場合には拒否することができず，法案は法律となる。

D 正しい。アメリカ大統領には，［Ⓓ　　　　］権が与えられていない。立法が必要な場合には，議会に教書を送付し要請する。

E アメリカの裁判所には，違憲立法審査権（違憲法令審査権）があるが，憲法に規定はなく，［Ⓔ　　　　］法として認められている。法令は裁判所によって具体的事件に即して審査される。

Point

- □ アメリカでは，議員による大統領・各省長官の兼職は認められていない。
- □ アメリカ大統領は，国家元首であり行政府の長である。
- □ アメリカ大統領の任期は４年であり，三選禁止である。

Ⓐ：間接，Ⓑ：弾劾，Ⓒ：法案拒否，Ⓓ：法案提出，Ⓔ：判例

イギリスの政治制度

イギリスの政治制度に関する記述として，最も妥当なのはどれか。

平成26年度
消防官

1 イギリス議会は終身議員からなる~~下院~~（上院（貴族院））と国民が直接選んだ議員からなる~~上院~~（下院（庶民院））から構成され，下院の優位の原則が確立している。

2 イギリスでは伝統的に法の支配の原則が発達しており，法の支配を実現するため，厳しい改正手続きを必要と~~する成文憲法~~（しない不文憲法）をもっている。

3 イギリスは立憲君主制の国であるが，国王の権限は一部に限定されており，首相の任命などの人事権は~~与えられていない~~（与えられている）。

4 イギリスの下院は，内閣の不信任決議権を持つが，これに対して，内閣は総辞職または，下院の解散によって国民の意思を問うことができる。

5 イギリスでは~~保守党の一党支配~~（保守党と労働党との二大政党制）が確立しており，~~保守党~~（野党）内で現政権に対立する勢力が影の内閣を組織して，次の政権に備えることが慣例となっている。

難易度 ★★　重要度 ★★

1 イギリス議会は，国民の選挙によって選ばれた議員からなる「下院」（庶民院）と非公選の［Ⓐ　　　　　］，貴族などからなる「上院」（貴族院）によって構成されている。

2 法の支配は，［Ⓑ　　　　　］とともにイギリス憲法の基本原理と考えられているが，その憲法はマグナ・カルタ（1215 年）や権利章典（1689 年）などで構成される不文憲法（軟性憲法）であり，通常の立法手続きで改正される。

3 イギリスの国王は，「［Ⓒ　　　　　］」の原則から，実質的な政治権力を有しないが，形式的には，議会の召集権や首相の任命権を有する。国王は，下院（庶民院）の第一党の党首を首相に任命することができる。

4 正しい。イギリスは，議院内閣制を採用しているから，内閣は連帯して議会に責任を負っているので，下院が内閣不信任決議をすると，首相は内閣の総辞職を決定するか，［Ⓓ　　　　　］に下院の解散を要請しなければならない。

5 イギリスは，基本的には保守党と労働党の「二大政党制」の国である。また，最大野党は政権交代に備えて，［Ⓔ　　　　　］を組織する。

Point

- □ イギリス議会は庶民院と貴族院の二院制であり，下院が上院に優越する。
- □ イギリスでは，17 世紀の名誉革命以降，議会主権の原理が確立している。

Ⓐ：聖職者，Ⓑ：議会主権，Ⓒ：君臨すれども統治せず，Ⓓ：国王，Ⓔ：影の内閣

イギリスとアメリカの政治制度

イギリスおよびアメリカの政治制度に関する記述として，最も妥当なのはどれか。

平成18年度
消防官・改

1 イギリスの首相は~~国民による直接選挙によって選出される~~のに対し，アメリカ
下院の第一党党首が国王に任命される
の大統領は間接選挙で選出される点で異なっている。

2 イギリスにおいて，議会の下院である庶民院が内閣に対する不信任決議をできるのと同様に，アメリカの連邦議会の下院は大統領に対する不信任決議が~~できる~~。
できない

3 イギリスでは~~上院の法律貴族が司法機能を担っており~~，立法府と司法府が~~密接な関係にある~~。
2009年10月に最高裁判所が設置され，上院の司法機能はなくなった
最高裁判所の設置により，立法と司法が明確に区別された

4 アメリカ大統領は議会に対する法案提出権を有しておらず，教書を送付して立法の勧告ができるにとどまるのに対し，イギリスの内閣は法案提出権を有している。

5 ~~イギリス~~では議会と内閣とが厳格に分離され，徹底した三権分立が図られてい
アメリカ
るのに対し，~~アメリカ~~の政治制度は議会と行政府とが密接にかかわり合う制度
イギリス
となっている。

1 イギリスの首相は国民による直接選挙で選ばれるのではなく，下院の第一党党首が［Ⓐ　　　　］によって任命されるのが慣例となっている。アメリカの大統領は有権者が候補者に直接投票して当選者を決める直接選挙ではなく，まず州ごとに選挙人を選び，選挙人が大統領候補に投票する間接選挙である。

2 アメリカの政治制度は厳格な三権分立の原則に立っているため，連邦議会は大統領に対する不信任決議権を持っていない一方，大統領は［Ⓑ　　　　］の解散権を持っていない。

3 イギリスでは従来，［Ⓒ　　　　］が司法機能を持ち，立法府と司法府が密接な関係にあった。しかし，2005年にブレア政権は司法の現代化と立法からの独立をめざした法改正を行った。これにより，2009年10月には立法府から独立した最高裁判所が設置された。

4 正しい。大統領制を採用するアメリカでは，大統領は法案提出権を持っておらず，教書による議会への［Ⓓ　　　　］や，議会で可決された法案に対する拒否権の行使だけが認められている。これに対して，議院内閣制を採用するイギリスでは，内閣に法案提出権が与えられている。

5 イギリスとアメリカに関する記述が逆になっている。アメリカの大統領制は徹底した三権分立の原則が貫かれているのに対して，イギリスの議院内閣制は議会と行政府が密接な関係にある。

Point

- □ イギリスの首相は下院の第一党党首が国王によって任命され，アメリカの大統領は有権者の間接選挙によって選出される。
- □ イギリスの内閣には法案提出権が与えられているのに対して，アメリカの大統領に法案提出権はない。
- □ アメリカの連邦議会は大統領に対する不信任決議権を持っていない一方，大統領も連邦議会の解散権を持っていない。

Ⓐ：国王，Ⓑ：連邦議会，Ⓒ：上院，Ⓓ：立法勧告

主要国の政治形態

主要国の政治形態に関するA～Dの記述のうち，妥当なもののみを挙げているものは，次のうちどれか。

平成11年度
国家Ⅱ種・改

A イギリスは，国王が国の元首とされるが政治の実権は議会にある。議会は国民の選挙による下院と，貴族などで構成され国王から任命される上院の二院制をとっている。下院の第一党党首が首相となり内閣を構成する。

B アメリカ合衆国は，立法権は連邦議会，行政権は大統領，司法権は連邦裁判所に属する。連邦議会の上院は，条約承認権や裁判官・高級公務員の任命同意権など下院にはない権限を有しており，上院のほうが優位に立っているといえる。法案は両院を通過した後大統領の承認を得て法律となる。

C 中華人民共和国は，プロレタリアート（労働者階級）独裁の考え方に基づいて民主的権力集中制をとっている。共産党が指導政党とされ，国家権力の最高機関として~~中国共産党全国代表大会（全大会）~~（全国人民代表大会（全人代））の下に，行政機関である国務院と司法機関の最高人民法院が置かれている。

D フランスは，大統領制を導入している。国家元首である大統領は，軍最高司令官でもあり強力な権限が与えられている。大統領は，~~立法機関である議会の上院と下院の議員による選挙~~（国民による直接選挙）で選出され，任期は５年，再選は~~憲法で禁止されている~~（禁止されていない）。

1…… A，B
2…… A，C
3…… B
4…… B，D
5…… C，D

A 正しい。イギリスでは，下院の第一党党首が首相となって内閣を構成することが慣例となっている。

B 正しい。議会を通過した法案に対して，大統領は［Ⓐ　　　　　］を行使することができる。ただし，両院においてそれぞれ3分の2以上の多数で再議決すれば法律は成立する。

C 中国の国家権力の最高機関は共産党の全国代表大会ではなく，全国人民代表大会である。全国人民代表大会は，省・直轄市・自治区の代表と［Ⓑ　　　　　］の代表で構成されている。代表の約3000名の中には少数民族や非共産党員も含まれているが，約70%は共産党員である。

D フランス大統領は国民による直接選挙で選ばれる。任期はかつて7年であったが，2002年以降は［Ⓒ　　　　　］となっている。再選は禁止されておらず，シラク大統領は2期12年間（1995年から7年間＋2002～2007年の5年間）務めたが，2008年に憲法が改正され連続した任期は2期まで（連続した任期の最長は10年まで）に制限されている。

Point

- □ イギリスの議会は，国民の選挙によって選ばれる下院と，貴族などで構成される上院の二院制をとっている。
- □ アメリカ連邦議会の上院は，条約承認権などで下院にはない権限を持っており，下院よりも優位な立場にある。
- □ 中国の国家権力の最高機関は全国人民代表大会であり，ここで国家レベルの重要な立法や政策が決定される。
- □ フランス大統領の任期は5年であり，再選は禁止されていない。

Ⓐ：拒否権，Ⓑ：人民解放軍，Ⓒ：5年

各国の政治制度

各国の政治制度に関する次の記述のうち，最も妥当なのはどれか。

平成16年度
国税専門官

1 アメリカ合衆国の政治制度の特徴として，大統領制を採っており，立法・行政・司法の三権を明確に分離していることが挙げられる。大統領は国の元首であるとともに，行政府の長であり，軍の最高司令官を兼ねている。連邦議会は上院と下院からなり，上院は各州２名，下院は各州から人口に応じた数の議員が選出される。

2 フランスの政治制度の特徴として，民主・連邦・法治国家の代表的な統治形態である共和制を採っていることが挙げられる。大統領は国家元首であり，憲法や人権，市民の自由の保証人，軍の最高司令官として，外交・内政の基本政策を決する。議会は~~一院制~~（二院制）で，大統領の解任権は議会が~~持っており，議会には強い権限が認められている~~（持っていない）。

3 韓国の政治制度の特徴として，大統領制と議院内閣制の中間形態を採っていることが挙げられる。大統領は~~国会議員による間接選挙~~（国民による直接選挙）で選出される。また，大統領は，国務総理の任命，~~国民議会の解散~~（解散はない），国民投票の要請などを単独で行使できる権限を有する。議会は唯一の立法機関であり，~~二院制~~（一院制）で国務総理任命同意権を持つ。

4 ドイツの政治制度の特徴として，連邦制を採用し，主権は連邦政府と地方政府との間で分割されていることが挙げられる。連邦大統領は国家元首であり，国政について~~多くの権限を持つ~~（権限は限られている）。~~連邦大統領~~（連邦首相）は重要な立法について連邦議会が否決した場合，「立法緊急状態」を宣言し，連邦参議院のみの議決で法案を設立させることができる。

5 英国の政治制度の特徴として，内閣が議会に対して連帯責任を負う議院内閣制を採っていることが挙げられる。首相は行政における最高責任者であり，内閣を率いる。議会は上院と下院の二院制で，~~わが国の衆議院の優越に類するものはなく，両院が対等~~（下院（庶民院）の優越がある）の立場にあり，上院議員は世襲議員，下院議員は小選挙区から選出される議員である。

1 正しい。アメリカの政治制度は厳格な三権分立の原則に立っている。行政府の長である大統領は，議会とは無関係に国民によって選ばれる。大統領は議会によって［Ⓐ　　　　］とされることがない代わりに，議会を解散する権限も持たない。

2 フランスは第5共和制という大統領制である。大統領は国民によって直接選ばれ，首相の任命権，国民議会（下院）の解散権，法案などを国民投票にかける権利，非常事態における大権を持つなど，権限が非常に強い。議会は国民議会(下院)と元老院(上院)からなる［Ⓑ　　　　］で，首相と内閣は国民議会の信任を必要としている。この点でフランスは議院内閣制の要素を残した大統領制といえる。

3 韓国は国民の直接選挙によって大統領が選ばれる大統領制である。大統領は国会の同意の下に国務総理（首相）を任命し，国務総理の要請によって閣僚を任命する。国会は一院制で，［Ⓒ　　　　］はない。内閣不信任の制度はないが，国会議員の過半数の賛成により国務総理や閣僚を解任することができる。

4 ドイツの連邦大統領は，連邦議会の解散権と連邦首相候補の提案権を持っているが，その権限は限られたものである。議会はドイツ連邦議会と連邦参議院からなる両院制で，有事などの緊急事態には，両議会で構成される［Ⓓ　　　　］が設置される。

5 イギリスの議会は貴族院（上院）と庶民院（下院）からなる二院制であり，「庶民院の［Ⓔ　　　　］」が法律に明記されている。上院議員は世襲議員のほか，イギリス国教会の高位の聖職者，一代議員（任命される議員で世襲されない）で構成されている。

Point

- □ アメリカの政治制度は厳格な三権分立の原則に立ち，大統領は議会によって不信任とされることはない。
- □ フランスは大統領制を採っているが，首相と内閣が議会の信任を必要としている点で，議院内閣制の要素を残している。
- □ イギリスは議院内閣制を採用しており，上院（貴族院）と下院（庶民院）からなる議会では，庶民院の優越が認められている。

Ⓐ：不信任，Ⓑ：二院制，Ⓒ：解散，Ⓓ：合同委員会，Ⓔ：優越

各国の政治制度

現代における各国の政治制度に関する記述として最も妥当なのはどれか。

令和２年度
国家総合職

1 英国では，君主制が存続しているが，国王は君臨するのみで統治権を持たない。また，議会は，非民選の上院（貴族院）と民選の下院（庶民院）からなり，首相には，下院で多数を占める政党の党首が選出されることが慣例である。下院では，二大政党が政権獲得を目指しているが，野党となった政党は，影の内閣（シャドー・キャビネット）を組織して政権交代に備えている。

2 フランスでは，国家元首である大統領が国民の直接選挙で選ばれるが，同時に，~~直接選挙で選ばれた~~（大統領に任命された）首相が内閣を形成し，内閣は議会に対して責任を負うという半大統領制が採用されている。~~ただし，~~国家元首である大統領は大きな権限を有して~~おらず，もっぱら儀礼的・形式的な権限のみを有している~~（いる）。

3 米国では，連邦議会によって定められた法律に対~~する国民の信頼が強く，また，~~（して）権力分立を徹底するため，連邦裁判所に違憲審査権~~は~~（が）認められて~~いない~~（いる）。一方，~~憲法に違反する法令が執行されることを防ぐため，~~（➡この目的に限定されていない）大統領には，連邦議会が可決した法案に対する拒否権が認められている。

4 わが国では，議院内閣制が採用されており，内閣は，衆議院~~または参議院~~で不信任の決議案が可決されるか，信任の決議案が否決されたときは，10日以内に衆議院が解散されない限り，総辞職をしなければならない。また，内閣総理大臣は，国務大臣を任命することができるが，その過半数は~~衆議院議員~~（国会議員）でなければならない。

5 中国では，国家の最高機関である一院制の全国人民代表大会（全人代）が年~~2~~（1）回開催され，全人代の議員の任期は~~3~~（5）年である。また，権力集中制（民主集中制）が採用されており，権力分立が否定されていることから，全人代で選出される国家主席が，~~司法機関である最高人民法院の院長~~（共産党総書記，中央軍事委員会主席）を兼務することとされている。

難易度 ★★★　重要度 ★★★

1 英国の国王は統治権の主体であるが形式的なものにすぎず，その行使は内閣の助言に基づいて行われ，責任も内閣が負う。また首相は下院第一党の党首である下院議員が選出される慣例である。伝統的な二大政党制のもと保守党と［Ⓐ　　　　　］による政権交代が繰り返されている。

2 第五共和政憲法のもとフランスの大統領には強大な権限が与えられている。首相の任命権も大統領にあるが，下院の信任を得る必要があるため，大統領と首相が異なる政党出身者となるコアビタシオン（［Ⓑ　　　　　］）の状態となることがある。

3 米国は厳格な三権分立の政治体制をとる。連邦裁判所の違憲法令審査権は［Ⓒ　　　　　］として確立した。立法権は上下院からなる連邦議会が独占しているが，大統領は可決法案に対して拒否権を行使することができる。ただし，上下両院が３分の２以上の多数で再可決した場合これは法律となる。

4 わが国の国会は衆議院が優越し，内閣不信任の決議権も衆議院のみにある。ただし参議院とは異なり任期満了前に［Ⓓ　　　　　］されることがある。内閣総理大臣は国務大臣を任命し，かつ任意に罷免することができるが，その過半数は国会議員でなければならない。

5 中国は，権力集中制（民主集中制）のもと最高の権力機関は全国人民代表大会とされている。国家主席や最高人民法院，また首相を含む国務院，中央軍事委員会の構成員もこの全人代で選出されるが，中国共産党の［Ⓔ　　　　　］が国家主席と中央軍事委員会首席を兼務するなど，共産党に権力が集中する体制となっている。

Point

- □ 英国には二大政党のほかにも，保守党とかつて連立政権（2010-2015）を組んでいた自由民主党など有力な政党が存在する。
- □ 内閣総理大臣を除く国務大臣は 14 人以内（必要があれば 17 人以内）とされている。

Ⓐ：労働党，Ⓑ：保革共存政権，Ⓒ：判例法，Ⓓ：解散，Ⓔ：総書記

国連

国際連合に関する記述として，妥当なのはどれか。

平成23年度
地方上級

1 国際連合憲章第７章では，安全保障理事会と加盟国間で締結される特別協定に基づいて創設される国際連合軍（UNF）により，軍事的強制措置をとれることになっているが，当該国際連合軍は今日まで設置されていない。

2 総会は，全加盟国によって構成され，~~国際連合のすべての目的に関する~~（安全保障を除くすべての）問題について討議，決定するが，決定は加盟国の面積や人口に~~応じて，~~（かかわりなく１票ずつ）各加盟国が投票権を持ち，多数決により行われる。

3 ~~信託統治~~（経済社会）理事会は，総会の権威の下に国際労働機関（ILO），国連教育科学文化機関（UNESCO），世界保健機関（WHO）などの専門機関と密接に連携しながら，経済，社会分野での国際的な取組みを進めている。

4 国際連合は，紛争の拡大を防ぐために，紛争当時国の同意を~~いかなる場合も必要とせずに~~（得て），加盟国が自発的に提供した軍人や文民を紛争地域に派遣して，停戦監視や紛争地域の治安回復にあたらせる平和維持活動（PKO）を行う。

5 安全保障理事会は，常任理事国が決議の成立を阻止できる拒否権を持っているため，~~全会一致の原則に基づいて運営されており~~（すべての常任理事国を含む９か国の賛成が必要であり），平和と安全の維持に関しては総会よりも優越的地位を保障されて活動している。

解説

難易度 ★★　重要度 ★★

1 正しい。国際連合憲章第7章に基づく安全保障体制は，[Ⓐ　　　　] と称されるものである。しかしながら，その際創設されるはずの国際連合軍は，冷戦下における米ソ両超大国による拒否権発動の応酬により，また，冷戦後の微妙な国益の齟齬によって，いまだ創設をみない。

2 総会は，すべての加盟国によって構成されるため，広範囲にわたる問題を討議するが，安全保障に関することについては，安全保障理事会の専権事項である。また，総会における意思決定に関しては，加盟国間に票数の差異はなく，あくまでも [Ⓑ　　　　] による。なお，重要問題については，出席し投票する構成国の3分の2の多数で決議が行われる。

3 国際労働機関（ILO）や世界保健機関（WHO）などの専門機関と連携して経済，社会，文化での国際的な枠組みを構築しているのは，[Ⓒ　　　　] であって，信託統治理事会ではない。

4 国連平和維持活動（PKO）を受け入れるためには，休戦または停戦が成立していることが前提である。そのうえで，紛争当事国よるPKO受け入れには，[Ⓓ　　　　]，中立原則，自衛原則，という，いわゆるPKO三原則が遵守されなければならない。

5 安全保障理事会が安全保障に関する決議を採択するためには，多数決において安全保障理事会の15か国のうち，常任理事国5か国のすべてを含む [Ⓔ　　　　] の賛成があれば決議は採択される。

Point

- □ 国連は，国連本体ばかりでなく，多くの専門機関や補助機関を加えた国連システムとして，機能している。
- □ 国連は，国際連盟の失敗を繰り返すことのないよう，総会ではなく安全保障理事会にその権限を集中させている。
- □ PKOの派遣に当たっては，いわゆるPKO三原則が遵守されなければならない。

Ⓐ：集団安全保障，Ⓑ：一国一票，Ⓒ：経済社会理事会，Ⓓ：同意原則，Ⓔ：9か国

国際機関

国際機関について述べた次の記述のうち，妥当なものはどれか。

平成25年度
警察官

1 ＩＡＥＡとは国際原子力機関のことであり，原子力の国際管理を進めるうえで中心的役割を担っているが，特に保障措置協定を結んだ国に核査察を実施することで，核拡散の防止を図るという重要な貢献をなしている。

2 ＩＭＦとは国際通貨基金のことであり，~~途上国を対象として開発のための長期的資金を供給する役割を担っているが~~，近年では資金不足によって融資がしばしば停滞しており，新興国による拠出金の増額が課題となっている。

➡これは国際復興開発銀行である

3 ＵＮＥＳＣＯとは国連教育科学文化機関のことであり，国際連合の~~下部機関~~（専門機関）として設立されたが，多額の資金を供出しているアメリカの影響力が~~強いとされており~~（強いわけではなく），2011年にはパレスチナの加盟申請を~~却下した~~（承認した）ことで話題となった。

4 ~~ＷＩＰＯ~~（ＩＣＰＯ）とは国際刑事警察機構のことであり，各国の警察の連携を図る役割を担っているが，国家主権を尊重する観点から，原則として自ら犯罪者の身柄拘束のために活動することはない。

➡本肢はＩＣＰＯの説明となっている

5 ＷＴＯとは世界貿易機関のことであり，自由貿易を推進するために多角的貿易交渉を推進しているが，2012年にはドーハ・ラウンドで最終合意を~~達成し~~（達していない），関税の大幅引下げや知的所有権に関するルールの確立を実現したことで話題となった。

難易度 ★★ 重要度 ★★

1 妥当である。ＩＡＥＡ（International Atomic Energy Agency）は原子力の国際管理を通じて平和の維持に貢献しており，2005 年度にはエルバラダイ事務局長（当時）とともに［Ⓐ　　　　　］も受賞した。

2 ＩＭＦは，国際的な通貨の安定を実現する役割を担っている。これに対して，途上国を対象として開発のための長期的資金を供給しているのは，国際復興開発銀行（［Ⓑ　　　　　］）である。

3 ＵＮＥＳＣＯは必ずしもアメリカの影響力が強いわけではなく，2011 年にはアメリカの反対を押し切ってパレスチナの加盟を承認したことで話題となった。なお，アメリカはこれに反発し，2018 年 12 月末で脱退した。

4 ＷＩＰＯは［Ⓒ　　　　　］のことであり，世界的な知的所有権の保護を促進する役割を担っている。これに対して，国際刑事警察機構はＩＣＰＯ（インターポール）と略されている。

5 ドーハ・ラウンドは交渉が難航しており，2012 年に合意が得られたという事実はない。

Point

- □ ＩＡＥＡはノーベル平和賞を受賞したことがある。
- □ 国際復興開発銀行は，途上国のために長期的資金を供給している。
- □ ＵＮＥＳＣＯは独立的な国際機関であり，国際連合の下部機関ではない。
- □ ＷＩＰＯは，世界的な知的所有権の保護を促進する役割を担っている。

Ⓐ：ノーベル平和賞，Ⓑ：IBRD，Ⓒ：世界知的所有権機関

政治029

第二次世界大戦後の国際政治

第二次世界大戦後の国際政治に関する次の記述のうち，妥当なものはどれか。

平成12年度
国税専門官

1 冷戦下において，アメリカ合衆国は東欧諸国からなるワルシャワ条約機構~~に対抗するため~~，西側諸国の集団安全保障機構として北大西洋条約機構（NATO）の設立を提唱し，加盟した。冷戦終了後，ワルシャワ条約機構は崩壊し，現在では，~~ロシア~~，ポーランドなどもNATOに加盟している。
（NATOが先に創設された）（加盟していない）

2 インドネシアで開かれたアジア・アフリカの新興独立諸国の会議（バンドン会議）において，平和共存と植民地主義反対を柱とする平和十原則が採択された。同会議は東西の対立下における第三勢力の形成のきっかけとなった。

3 ジュネーブ軍縮委員会により軍備縮小の交渉が行われ，部分的核実験禁止条約が成立した。また，米ソ間で戦略核兵器制限交渉（SALT）が行われ，戦略防衛構想（SDI）が~~合意されるなどの軍縮~~が進んだが，ソ連崩壊後のロシアは再び軍拡に向かう兆しをみせている。
（SDIは軍縮の動きではない）

4 核拡散防止条約（NPT）は，非核保有の加盟国に，国際原子力機関（IAEA）による核査察受入れを含む保障措置協定の締結を義務づけている。イラクと北朝鮮は共に~~この協定を締結していない~~ため，これまでIAEAによる核査察が両国に対して~~行われたことはない~~。
（イラクは加盟しており，北朝鮮は脱退した）（行われたことはある）

5 ソ連のゴルバチョフ書記長は，社会主義の枠内での市場化，~~軍縮，東西の緊張緩和などの~~改革政策を内容とするペレストロイカを実施したが，情報の独占は社会主義の根幹であるとして~~情報公開は行わなかった~~。そのため，民衆の不満が高まり，ソ連崩壊のきっかけとなった。
（ペレストロイカは国内の改革）（情報公開を進めた）

難易度 ★★ 重要度 ★★

1 1949年につくられた北大西洋条約機構（NATO）の集団防衛体制に対抗するために，1955年，ソ連と東欧諸国からなる［Ⓐ　　　　］が創設された。ワルシャワ条約機構は，1989年以降のソ連邦解体や東欧改革に伴って1991年に解散したが，その後ロシアはNATOには加盟していない。

2 正しい。1950年代以降，植民地支配から独立したアジア・アフリカ諸国は，米ソのどちらにも属さない［Ⓑ　　　　］をとり，冷戦下の二大陣営に対抗する勢力となった。それとともに，1960年代から中ソ対立が表面化し，［Ⓒ　　　　］はアメリカと一線を画する動きをとり，世界は二極体制から多極化へと移行した。

3 戦略防衛構想（SDI）はレーガン政権時代，ソ連に対抗するために考案されたもので，軍縮の動きとは無関係である。なお，戦略兵器制限交渉（SALT）後の米ソ間の交渉は戦略兵器削減交渉（START）といい，これによって［Ⓓ　　　　］（INF）全廃条約などの成果が得られた。

4 国際原子力機関（IAEA）はイラクや北朝鮮（2002年に脱退を宣言した）に対しても核査察を実施している。

5 「ペレストロイカ（改革）」は主にソ連国内の構造改革であり，軍縮や東西の緊張緩和などは「新思考外交」と呼ばれた。また，［Ⓔ　　　　］（情報公開）もペレストロイカの一環として行われた。しかし，ソ連崩壊後のロシアはプーチン政権の下で報道機関に対する圧力が強まり，言論の自由は制限された。

Point

- ☐ 1949年にはアメリカを中心とした西欧諸国により北大西洋条約機構（NATO）が，1955年にはソ連と東欧諸国によりワルシャワ条約機構が創設された。
- ☐ 1955年，インドネシアのバンドンで開かれた会議にアジア・アフリカ諸国が集まり，平和共存や植民地主義反対の原則を発表した。
- ☐ 1980年代後半，ゴルバチョフ政権の下でペレストロイカが進められ，グラスノスチ（情報公開）や複数政党制の導入などが行われた。

Ⓐ：ワルシャワ条約機構，Ⓑ：非同盟主義，Ⓒ：フランス，Ⓓ：中距離核戦力，Ⓔ：グラスノスチ

世界人権宣言・国際人権規約

世界人権宣言又は国際人権規約に関する記述として，妥当なのはどれか。

平成24年度
地方上級

1 世界人権宣言は，~~イギリス首相チャーチル~~が提唱した４つの自由の実現を目的
アメリカ大統領ローズヴェルト
とし，第二次世界大戦~~中~~に採択された。
終了後の 1948 年

2 世界人権宣言は，人権の尊重が世界の自由・正義・平等の基礎であるとし，自由権，参政権について宣言したが，社会権については~~触れなかった~~。
触れられている

3 国際人権規約は，~~政治的及び経済的~~権利に関する国際規約であるＡ規約と，市
経済的，社会的及び文化的
民的及び~~文化的~~権利に関する国際規約であるＢ規約からなる。
政治的

4 国際人権規約は，世界人権宣言をより具体化したもので，その実現を義務付けるために法的拘束力をもつ。

5 日本は，人権の国際的保障のための中核となる条約である国際人権規約~~の全ての項目~~について，~~留保することなく批准~~している。
国内法との関係上，一部留保して批准

難易度 ★★★ 重要度 ★★★

1 アメリカ大統領［Ⓐ　　　　］は第二次世界大戦中の1941年に「4つの自由」の実現を提唱し，戦後の国際連合憲章や世界人権宣言の基調となった。

2 世界人権宣言は，人権の尊重が世界の自由・正義・平等の基礎であるとし，自由権，参政権，［Ⓑ　　　　］について宣言した。

3 国際人権規約は「経済的，社会的及び文化的権利に関する国際規約」（社会権規約・A規約）と「市民的及び政治的権利に関する国際規約」（［Ⓒ　　　　］・B規約）および［Ⓒ　　　　］に関する選択議定書からなり，両規約とも冒頭の第1条で，人民の自決権（民族自決権）を規定している。

4 正しい。国際人権規約は，1966年に［Ⓓ　　　　］で採択された。これは世界人権宣言をより具体化し，法的拘束力を持たせたもので，人権の国際的保障のための中核となる条約である。

5 日本は国際人権規約を1979年に批准したが，B規約の個人の人権侵害について人権委員会への申し立て制度を定めた選択議定書は批准していない。またA規約についても，公休日の給与，［Ⓔ　　　　］，高等教育の無償化の3つは留保している。

Point

- □ 世界人権宣言は，国際的な人権保障の基準と理念を示したものであり，法的拘束力は持たない。
- □ 国際人権規約は，世界人権宣言をより具体化したものであり，法的拘束力を持たせたものである。
- □ 日本は国際人権規約の一部について，国内法との関係上，留保している。

Ⓐ：ローズヴェルト，Ⓑ：社会権，Ⓒ：自由権規約，Ⓓ：国際連合総会，Ⓔ：公務員のストライキ権

世界の軍縮

世界の軍縮等に関する記述として最も妥当なものはどれか。

令和元年度
国家一般職

1 第二次世界大戦後，冷戦により安全保障理事会があまり機能せず軍縮が進まなかったため，~~国際連合~~（東西両陣営）は，~~国際司法裁判所の下にロンドン~~（国連など他の国際機関から独立し，ジュネーブ）に本部を置く~~国連軍~~縮委員会を設置した。同委員会での交渉を経て，~~ロンドン海軍軍縮条約~~（部分的核実験禁止条約（PTBT。1963年））が発効して，欧州での軍縮につながった。

2 1980年代，米ソ間の緊張緩和が進む中，両国間で戦略兵器削減交渉（START）が行われ，~~包括的核実験禁止条約（CTBT）~~（戦略兵器削減条約(START Ⅰ。1994年発効)）が発効した。2010年代には，米ロ~~に経済成長が著しい中国を加えた３か国~~（２国間）で~~戦略兵器制限交渉（SALT）が行われ，中距離核戦力（INF）全廃条約~~（新戦略兵器削減条約(新START。2011年発効)）が発効した。

3 ~~21世紀に入り，国際テロ組織が核兵器を入手する可能性が高まったこと~~（1960年代のフランスや中国の核実験の動き）を受けて，核拡散防止条約（NPT）が発効した。核兵器非保有国での核兵器の開発も指摘されたことから，国際原子力機関（IAEA）が~~安全保障理事会の下に~~（国連の保護の下に自治機関として設立）設置され，~~国連軍の指揮下でIAEAが~~核査察を実施している。

4 核兵器の根絶を目指す動きの一つに域内国での核兵器の生産・取得・保有を禁止する非核兵器地帯条約の締結・発効があり，中南米，~~南アジア~~（南太平洋），東南アジアで条約が発効している。~~現在，イランや~~（アフリカ地域）カザフスタンを含む中央アジア地域でも条約の締締結に向けた交渉が進~~められている~~（み，ともに2009年に発効した）。

5 特定の兵器がもたらす人道上の懸念に対処するために，それらの使用等を禁止する対人地雷禁止条約，クラスター弾に関する条約が発効し，我が国も批准している。対人地雷禁止条約の採択には，NGOが全世界に地雷の非人道性を訴える活動が大きな役割を果たしたとされている。

難易度 ★★★ 重要度 ★★

1 国連（安全保障理事会）とは別に，1960 年代以降，ジュネーブに軍縮に関する組織（現在は「ジュネーブ軍縮会議」）が設置されている。ロンドン海軍軍縮条約は第二次世界大戦前のものである。

2 START Ⅰの締結後 1993 年にアメリカとソ連を継承したロシアとの間で調印された START Ⅱは発効しなかったが，START Ⅰの後継である［Ⓑ　　　　］が 2010 年に調印された（2011 年発効）。国連で 1996 年に採択された CTBT は未発効である。

3 NPT は 1970 年に発効し 1995 年に無期限延長された。ここでは加盟国が核兵器保持を許された核兵器国と許されない非核兵器国とに分けられ，後者は［Ⓒ　　　　］による査察などの保障措置を受ける。インド，パキスタン，イスラエル，南スーダンは未加盟であり，北朝鮮は再三にわたって脱退を表明している。

4 核不拡散体制の補完的措置として検討された非核兵器地帯構想は，まず 1968 年に中南米地域で条約として発効，現在は南半球地域すべてに拡大している。北半球では［Ⓓ　　　　］が「非核兵器国の地位」を国連で承認されており，2009 年には中央アジア非核兵器地帯条約が発効した。

5 正しい。対人地雷禁止条約は 1999 年，クラスター弾に関する条約は 2010 年に発効した。前者成立に際して大きな役割を果たした NGO の運動をモデルとして，後者成立に向けた NGO の運動が展開された。

Point

- □ NPT の核兵器国は，アメリカ，ロシア，イギリス，フランス，中国の 5 か国。
- □ 1988 年発効の米ソ間の中距離核戦力（INF）全廃条約は，2019 年にアメリカがソ連後継のロシアにその破棄を通告，半年後に失効した。

Ⓐ：ジュネーブ，Ⓑ：新 START，Ⓒ：IAEA，Ⓓ：モンゴル

政治032

日本の選挙制度

わが国の選挙制度に関する記述として最も適当なものはどれか。

平成29年度
裁判所

1 衆議院議員選挙では小選挙区比例代表並立制が採用されている。小選挙区選挙と比例代表選挙の重複立候補者は，小選挙区選挙で落選しても比例代表選挙で復活当選することが可能であるが，~~惜敗率が50%~~ 供託物没収点 を下回った場合には，復活当選は認められない。

2 参議院議員選挙の選挙区選挙では，鳥取県・島根県と徳島県・高知県がそれぞれ合区とされている。2016年の通常選挙は，合区が設けられてから初めての選挙であった~~ため，有権者の関心が高まり~~ が，上記4県の投票率は~~いずれも~~ 島根県を除いて 前回選挙を~~上回った~~ 下回った。

3 1選挙区につき3人から5人の当選者を選出する仕組みである中選挙区制は，かつて衆議院議員選挙で行われていたが，少数党の候補者に~~不利~~ 有利 な選挙制であるため，定数の少ない参議院議員選挙や地方議会議員の選挙で実施~~されたことはない~~ されている。

4 投票率を向上させるため，仕事や旅行等を理由とした期日前投票や不在者投票を行うことを認めるなどの措置が講じられている。また，2016年には初めて共通投票所の設置が認められ，一部の自治体でこれが実現した。

5 2016年から選挙権年齢が満18歳以上に引き下げられ，未成年者も公職選挙で投票することができるようになった。~~しかし~~，特定の候補者への投票の勧誘などの選挙運動を行うこと~~は認められていない~~ も認められている。

1 2000 年の衆議院選挙以降，小選挙区選挙において得票数が［Ⓐ　　　　］（有効投票総数の 10 分の 1）に達しなかった重複立候補者は，比例代表選挙でも当選できない。

2 2016 年の参議院通常選挙の選挙区選挙では，２つの参議院合同選挙区（［Ⓑ　　　　］）が設置された。全国の投票率が前回より上昇する中，島根県を除く３県の投票率は前回を下回った。

3 中選挙区制は大選挙区制の一種であって，［Ⓒ　　　　］が減り少数党の候補者にも比較的有利である。定数３人から５人の選挙区は地方選挙においては珍しくなく，参議院選挙区選挙にも改選数３人・４人の選挙区がある。

4 正しい。2016 年の公職選挙法改正で，投票日当日に，市町村の区域内のいずれの選挙区の選挙人も投票できる［Ⓓ　　　　］の設置が可能となった。利便性の高い駅や商業施設などへの設置による投票率向上が期待されている。2016 年参議院選挙では４市町村がこれを設置した。

5 満 18 歳以上の者は投票も選挙運動も行うことができる。

□ 惜敗率とは，各小選挙区での当選者の得票数に対する落選者の得票数の割合をいう。衆議院選挙の重複立候補者で比例代表選挙に同一順位の候補者が複数いる場合，小選挙区での惜敗率の高い者から順に当選を確定する。

Ⓐ：供託物没収点，Ⓑ：合区，Ⓒ：死票，Ⓓ：共通投票所

日本の選挙制度

わが国の選挙制度に関する次の記述のうち，妥当なものはどれか。

平成30年度
市役所

1 衆議院議員総選挙には，小選挙区比例代表並立制が導入されているが，小選挙区と比例区の重複立候補は認められて~~いない~~。
いる

2 参議院議員通常選挙には，都道府県単位の選挙区選挙と比例代表選挙の並立制が導入されているが，比例代表選挙には拘束名簿式が採用されている。
➡鳥取と島根，徳島と高知は合同選挙区選挙
および非拘束名簿式

3 平等選挙を維持するために，投票価値の格差は衆議院議員総選挙では1.1以内に，参議院議員通常選挙では2.0以内に抑えられて~~いる~~。
いない

4 公職選挙法の改正によって，選挙権年齢が18歳まで引き下げられ，それに併せて被選挙権年齢~~も引き下げられた~~。
は引下げられていない

5 インターネットを活用した選挙運動が解禁されたが，一般の有権者が電子メールを使用して選挙運動を行うことは，引き続き禁止されている。

解説

難易度 ★★★　重要度 ★★★

1 衆議院議員総選挙では，小選挙区選挙と［Ⓐ　　　　］ごとの比例代表選挙の重複立候補が認められている。比例代表選挙は当選順位を政党が届け出る拘束名簿式だが，重複立候補者の全部または一部を同一順位とすることもでき，この場合小選挙区で落選した候補者のうち［Ⓑ　　　　］の高い順に当選が決まる。

2 参議院議員通常選挙では，原則都道府県単位の選挙区選挙と［Ⓒ　　　　］を通じた比例代表選挙が行われる。重複立候補は認められない。比例代表の当選は，政党の当選者数の枠内で，政党ごとに個人票の多い順に決定される（非拘束名簿式）が，2019 年の選挙から，優先的に当選する［Ⓓ　　　　］を置くこともできるようになった。

3 衆議院議員総選挙については 2017 年の区割り改定によって約 1.956 倍とされ，2019 年の参議院議員通常選挙については約 3 倍となっていた。

4 被選挙権年齢の引下げは実施されていない。また，「選挙権を有する者」が有資格者となる検察審査員や裁判員の職務についても当分の間 20 歳未満の者は就くことができないとされている。

5 正しい。一般の有権者もウェブサイト等を利用する方法により，選挙運動を行うことができるようになったが，電子メールを利用する方法については，候補者・政党等に限って行うことができる。

Point

- □ 衆議院議員小選挙区選挙で落選し得票数が有効投票総数の 10 分の 1 に達しなかった重複立候補者は，比例代表選挙でも当選できない。
- □ 惜敗率とは，その候補者の得票数をその小選挙区の当選者の得票数で割った値をいう。

Ⓐ：11のブロック，Ⓑ：惜敗率，Ⓒ：全都道府県の区域，Ⓓ：特定枠

政治034

日本の選挙制度

我が国の選挙制度に関する記述として最も妥当なのはどれか。

平成28年度
国家一般職

1 衆議院議員総選挙は，4年ごとに実施され，小選挙区選挙と拘束名簿式比例代表制による。選挙区間の議員1人当たり有権者数に格差があると一票の価値が不平等になるという問題があり，近年の選挙においては，参議院よりも衆議院で一票の最大格差が大きくなっている。

2 参議院議員通常選挙は，3年ごとに実施され，議員の半数が改選される。参議院の選挙制度は，選挙区選挙と非拘束名簿式比例代表制となっており，選挙区選出議員の定数の方が比例代表選出議員の定数よりも多い。

3 ~~期日前~~（不在者）投票制度とは，選挙期間中に名簿登録地以外の市区町村に滞在していて投票できない人が，定められた投票所以外の場所や郵便などで，選挙期日前に投票することができる制度である。~~選挙期日に仕事や旅行などの用務がある場合~~（→期日前投票制度）や，~~仕事や留学などで海外に住んでいる場合~~（→在外選挙制度）などに利用することができる。

4 従来，国政選挙の選挙権を有する者を衆・参両議院議員選挙は20歳以上，被選挙権を有する者を衆議院議員選挙は25歳以上，参議院議員選挙は30歳以上としていた。~~平成25年~~（平成27年）の公職選挙法の改正により，衆・参両議院議員選挙において，選挙権を有する者を18歳以上~~，被選挙権を有する者を25歳以上~~（→変更なし）とすることが定められた。

5 公職選挙法では，選挙運動期間以前の事前運動や戸別訪問を禁止するなど，選挙運動の制限が規定されている。平成25年の同法の改正により，電子メールによる選挙運動用文書図画の送信については，候補者や政党に~~加えて，一般有権者にも~~（限って）認められるようになった。

難易度 ★★ 重要度 ★★★

1 衆議院議員の定数は465で，そのうち289議席が小選挙区で，176議席が11ブロックごとの［Ⓐ　　　］比例代表制で選出される。4年の任期満了前に解散総選挙が行われることが多い。現行制度で一票の格差は2倍前後に抑えられている一方，参議院は3倍前後となっていた。

2 正しい。参議院議員は任期6年であり3年ごとに半数が改選される。定数248のうち148議席が原則都道府県単位の選挙区（鳥取・島根，徳島・高知は2県の区域で1選挙区）で，100議席が全国単位の［Ⓑ　　　］比例代表制で選出される。

3 ［Ⓒ　　　］は選挙期日に仕事や旅行などの用務がある場合に，選挙期間中に選挙人名簿登録地の期日前投票所で，投票用紙を直接投票箱に入れる制度である。選挙期間中に名簿登録地で投票できない場合には，不在者投票制度を利用する。仕事や留学での海外滞在の場合は，在外選挙制度により在外公館での投票や郵便等による投票ができる。

4 平成27年改正で選挙権年齢は満18歳以上に引き下げられたが，被選挙権については変更されていない。

5 平成25年改正でインターネット利用による選挙運動のうち，［Ⓓ　　　］による選挙運動用文書図画の頒布は候補者・政党に加え一般有権者にも解禁されたが，電子メールの利用は候補者・政党に限定されている。

Point

☐ 衆議院小選挙区の区割り改定は選挙区画定審議会の勧告を受け公職選挙法の改正により行われる。改正前に衆議院総選挙が行われる場合，現行の定数での実施となる。

☐ 衆議院での都道府県別・ブロック別での議席配分では，2020年国勢調査後にアダムズ方式が導入されるが，平成28年改正でも準用されている。

Ⓐ：拘束名簿式，Ⓑ：非拘束名簿式，Ⓒ：期日前投票制度，Ⓓ：ウェブサイト

日本の選挙制度

選挙制度について述べた次の記述に対応する用語の組合せとして，妥当なものはどれか。

平成25年度
警察官

ア 財産の多寡や人種の違いなどを理由として差別することなく，原則として一定年齢以上の全国民に選挙権や被選挙権を認めるものである。

➡「普通選挙」（憲法15条3項）の説明である。普通選挙は，制限選挙と対置される。

イ 社会的圧力がかかることを防ぐため，投票用紙に投票者の住所や氏名などを記入させず，候補者名ないし政党名のみを記入して投票させるものである。

➡「秘密選挙」（憲法15条4項）の説明である。秘密選挙は，公開選挙と対置される。

	ア	イ
1 …	普通選挙	直接選挙
2 …	普通選挙	秘密選挙
3 …	普通選挙	自由選挙
4 …	平等選挙	直接選挙
5 …	平等選挙	秘密選挙

ア 本肢は，「普通選挙」（憲法15条３項）の説明であり，普通選挙は，[Ⓐ　　　　　]（一定額以上の財産を有することや特定の人種に属すること等を選挙権取得の要件とする選挙）と対置される。

なお，「[Ⓑ　　　　　]」とは，選挙人の選挙権に平等の価値を認めるものをいい，不平等選挙（複数選挙，等級選挙等）と対置される。

イ 本肢は，「秘密選挙」の説明である。秘密選挙が選挙の基本原則とされる趣旨は，主として社会における弱い地位にある者の自由な投票を確保する点にある。

「[Ⓒ　　　　　]」とは，選挙人が公務員を[Ⓒ　　　　　]する制度であり，有権者がまず選挙委員を選び，その選挙委員が当選者を選定する[Ⓓ　　　　　]と対置される。

「[Ⓔ　　　　　]」とは，選挙人が自らの意思に基づいてその適当と認める候補者や政党等に投票する自由がある選挙であり，強制投票制度（正当な理由なしに棄権した選挙人に制裁を加える制度）と対置される。

Point

- □ 平等選挙は，複数選挙，等級選挙と対置される選挙である。
- □ わが国では，一人一票という数の平等ばかりでなく，投票価値の平等も保障されている。
- □ わが国の選挙では，棄権の自由が認められている。

Ⓐ：制限選挙，Ⓑ：平等選挙，Ⓒ：直接選挙，Ⓓ：間接選挙，Ⓔ：自由選挙

政治参加（選挙制度）

政治参加に関する次のA～Dの記述の正誤の組合せとして最も適当なのはどれか。

平成27年度
裁判所

A 比例代表制における代表的な議席配分方式のうち，現在わが国で用いられているドント式は，サン・ラゲ式（サン・ラグ式）と比べて大政党に有利に働く特質を持つと言われている。

B 投票行動研究において提唱されたミシガン・モデル（業績投票モデル）では，有権者の合理性を判断する基準として「業績投票」であるかどうかが重要とされた。

C 1993年まで衆議院議員総選挙において採用されていた中選挙区制での投票方式を，投票用紙に書く候補者数等の取扱いに着目して「単記移譲式（単記非移譲式）」と呼ぶ。

D アメリカと比べたとき日本における政党支持の特徴として，脱政党層の増加に伴って無党派層が増加した点を挙げることができる。

	A	B	C	D
1……	正	正	正	誤
2……	正	誤	正	誤
3……	正	誤	誤	正
4……	誤	正	正	正
5……	誤	誤	誤	正

難易度 ★★★　重要度 ★★★

A 正しい。ドント式（方式）は，各政党の得票数を 1，2，3…の整数で割り，得られた商の大きな順に定数まで各党の当選者を決める方式であり，わが国では衆参両院選挙で用いられている。大政党に有利に働くため，サン・ラゲ式など他の方式も提唱されている。

B 投票行動の分析において，1960 ～ 70 年代のミシガン大学グループは社会心理学的要因を導入し，有権者の政党支持態度（政党帰属意識）を重視した。業績投票モデルは 1980 年代に提起された。

C 単記移譲式とは，有権者が自分の選好順に候補者に番号を付けていく投票方式である。中選挙区制は，有権者が 1 人の候補者に投票する単記式（単記非移譲式）である。また，中選挙区制は 1 つの選挙区から選ばれる［Ⓐ　　　　　］数（1 選挙区から原則 3 ～ 5 の議員を選出する）に着目した分類で，大選挙区制の一種であり，少数政党にも議員選出の機会がある［Ⓑ　　　　　］制である。

D 正しい。田中愛治は，日本の無党派層を，政治への関心が低い「政治的無関心層」，政治への関心はあるが支持政党をもたない「政党拒否層」，支持政党をもっていたが 1993 年の政党再編以降に支持を捨てた「［Ⓒ　　　　　］層」の三つに分類した。無党派層は 1990 年代以降有権者の約 5 割を占めるようになったが，これは，政党再編以降，従来の支持者が政党から離れたためと考えられている。

Point

- ☐ 衆参の比例代表選挙は，衆院が全国 11 ブロックごとの拘束名簿式であり，参院が全国を単位とする非拘束名簿式である。
- ☐ 有権者はその時々の政治的争点や政策情報を合理的に判断して投票すると考える投票行動モデルを広く「合理的選択モデル」という。

Ⓐ：当選者，Ⓑ：少数代表，Ⓒ：脱政党

政治思想

政治思想に関する記述として最も妥当なものはどれか。

令和元年度
裁判所

1 モンテスキューは，政治的自由を実現するためには権力の制限が必要であると考え，いわゆる権力分立論を展開した。~~その主張は，イギリスにみられるよう~~
➡二権分立はロックの主張。モンテスキューは
~~な立法（議会）と執行（国王）の間における権力分立，すなわち二権分立の確~~
三権分立を唱えた
~~立に集約される。~~

2 グロティウス（グロチウス）は，「国際法の父」とも呼ばれている。自然法を正しい理性の命令ととらえ，国際社会にも自然法が存在するとし，法によらず戦争に訴える国家を批判した。また，海洋はいずれの国も占有できない自由な場所であると主張した。

3 ホッブズは，「万人の万人に対する戦争」に~~おいて勝利した者~~が，社会契約に
置かれた人民
基づいて~~人民から~~自然権を譲渡~~され~~，絶対的な権力者に~~なる~~と考えた。そして，
共通の権力に　し　服従を誓う
たとえ人民の権利が侵害されたとしても，人民が抵抗権を行使することは認められないと主張した。

4 ロックは，社会契約に基づいて人民から自然権を信託された政府が人民を統治することになると考えた。そして，政府による統治が不当なものであった~~とし~~
場合には
~~ても~~，人民が抵抗権や革命権を行使することは~~できない~~と主張した。
できる

5 ルソーは，人民~~がみずからの手で選出した代表者を共同体の統治機関と位置づ~~
は一切の権利を一般意志に
~~けて自然権を~~全面譲渡し，その支配に服すべきだと主張した。なぜならば，ここにおいて人民は主権者であると当時に臣民となり，自己統治が完成することになるためである。

難易度 ★★☆　重要度 ★★★

1 フランスのモンテスキューは『法の精神』(1748年)の中でイギリスをモデルに権力分立制を説いたが，これは立法権，行政権，司法権を別個の機関に担わせ相互の抑制と均衡を図る［Ⓐ　　　　］の主張である。

2 正しい。オランダのグロティウスはドイツ30年戦争中に著した『戦争と平和の法』(1625年)の中で，自然法の理念に基づく国際法の必要を説き，「自然法の父」また「国際法の父」とも呼ばれる。また母国オランダ擁護の観点から海洋の自由を論じた。

3 ホッブズは自然状態を自由平等で利己的な人間の闘争状態とし，人民は［Ⓑ　　　　］の権利を守るため自然法に従い契約を結び，自然権を主権者に譲渡しそれに無条件で従うとした。

4 ロックは自然状態を自然法に支えられた平和な状態とするが，生命・自由・財産の権利を維持するため，人民は同意により社会をつくり代表者（政府）に権力を［Ⓒ　　　　］するとした。また人民の権利を脅かす政府に対する抵抗権を認めた。

5 ルソーは財産の私有のない自由で平等な自然状態を想定する。文明による私有財産制の発展により喪失した自由と平等の回復のため，人民の全員一致の契約により一切の権利を主権者の意志である一般意志に完全譲渡することを説いた。また代議制を否定し［Ⓓ　　　　］(人民主権) を支持した。

Point

- □ ホッブズは王権神授説とは異なり，キリスト教とは無関係に，自然権を前提とした社会契約説の観点から絶対王政を理論化した。
- □ ロックの主張はイギリスの名誉革命やアメリカ独立宣言に，ルソーの主張はフランス革命に大きな影響を与えた。

Ⓐ：三権分立，Ⓑ：自己保存，Ⓒ：信託，Ⓓ：直接民主制

政治038

政治や行政

政治や行政に関する記述として最も妥当なのはどれか。

平成25年度
国家一般職

1 現代の国家は，国の政策分野の拡大などを背景に，議会中心の「立法国家」から「行政国家」へと変化している。行政国家の下では，議会の制定する法律は行政の大綱を定めるにとどめ，具体的な事柄は委任立法として行政府に任される傾向が強まっている。

2 行政委員会の制度は，行政府から独立した機関を~~立法府の下に~~設置することによって，行政府の活動の適正さを確保しようとするものである。わが国では，~~決算行政監視委員会~~や公正取引委員会がそれに当たる。

行政府からある程度独立して

衆議院の常任委員会の１つであり，このような行政委員会は存在しない

3 圧力団体は，政府や行政官庁などに圧力をかけ，集団の固有の利益を追求・実現しようとする団体であり，~~政党や~~労働団体がその例である。そして，圧力団体の利益のために政策決定過程で影響力を行使する~~議員~~がロビイストであり，わが国では~~ロビイストは族議員とも呼ばれる~~。

政権獲得を目指さない点で，政党とは異なる

元議員や法律家など

族議員はロビイスト的な役割を果たしている

4 比例代表制は，各政党の得票数に応じて議席数を配分する選挙方法である。この方法は，小選挙区制と比べ，~~大政党~~に有利で，死票が~~多くなる欠点~~をもつが，~~二大政党制~~をもたらすことによって，~~有権者に政権を担当する政党を選択する機会を与える~~。

小政党

減少する利点

小党分立制

連立政権とならざるを得ず，政局が不安定になりやすい

5 わが国の政治資金規正法は，企業から政党への献金を禁止~~する~~一方，企業から政治家個人への寄付を~~促す~~ことで，政治資金の調達の透明性を高めている。また，~~同法~~では，政党に対する国庫補助制度を導入し，政治資金に関する民主的統制の強化を図っている。

していない

禁止する

政党助成法

難易度 ★★　重要度 ★★★

1 正しい。19世紀から20世紀にかけて，[Ⓐ　　　　] 政策の下，国の政策分野の拡大などを背景に行政府の優位が確立されて，行政国家へと変化した。

2 行政委員会は，行政府からある程度独立した合議制の行政機関であり，準立法的権限や準司法的権限を有する。主として英米で発達した制度であるが，わが国では戦後，行政の [Ⓑ　　　　] の一環として導入された。国の行政委員会として，人事院や公正取引委員会などがある。

3 ロビイストとは，一般に圧力団体の代理人として活動する人をいう。元議員や弁護士などの法律家が多く，アメリカでは連邦ロビイング規制法によって [Ⓒ　　　　] への登録が義務づけられている。わが国では，特定の政策分野に精通し官庁への影響力をもっている議員（族議員）は，ロビイスト的な役割を果たしている。

4 比例代表制は，議席配分と得票率の差が小さいため [Ⓓ　　　　] は少ない。少数意見を尊重でき，有権者の意思を忠実に反映できる長所があるが，小党分立を招き，いきおい連立政権とならざるを得ず，政局が不安定になる。

5 政治資金規正法では，企業・労働組合等の団体による政治家個人への献金は認められておらず，政党と政党が指定した [Ⓔ　　　　] に対してのみ献金することができる。他方，個人は政治家の資金管理団体にも献金できる。なお，政党助成法により，一定の要件の下で，各政党に政党交付金が分配されるが，所定の要件を充たしていても，日本共産党は分配を受けていない。

Point

- □ 行政国家の下では，行政府の自由裁量の範囲は著しく拡大する。
- □ 行政委員会には，準立法的権限や準司法的権限がある。
- □ 圧力団体は，政権獲得を目指さない点で政党とは異なる。
- □ 比例代表制は，死票が少なく，有権者の意思を忠実に反映できる。

Ⓐ：福祉国家，Ⓑ：民主化，Ⓒ：連邦議会，Ⓓ：死票，Ⓔ：政治資金団体

日本の地方自治

わが国の地方自治等に関する記述として最も妥当なのはどれか。

令和２年度
国家一般職

1 地方公共団体には，議決機関として議会や教育委員会などの各種委員会が，執行機関として首長が存在している。議会の議員と首長は，住民の直接選挙によって選ばれるが，各種委員会の委員は，二元代表制の原則にのっとって，議員の中から首長が任命することとなっている。

➲憲法の条文では「議事機関」
や各種行政委員会が
一定の有権者の中から首長が任命するもの，議会によって選挙されるものなど委員会により選出方法が異なる

2 地方公共団体の事務は，自らが主体的に行う自治事務と，国から委任された機関委任事務に分けられる。近年，国が主体的に行う業務の一部は機関委任事務に移行されており，国道の管理，パスポートの発行，帰化の許可などは，「三位一体の改革」が行われた際に機関委任事務に移行された。

法定受託事務
本来果たすべき役割に係る事務
法定受託事務
地方分権一括法の施行の
法定受託事務

3 地方議会の議員の任期は４年であるが，住民による直接請求で有権者の一定数の署名をもって議会の解散を請求することができる。また，議会が首長の不信任案を可決した場合，首長は議会を解散することができる。

4 条例とは，地方議会の議決により成立する地方公共団体の法規であり，国の法律よりも厳しい規制を定める「上乗せ条例」の成立には，憲法の規定により，議会の議決に加えて住民投票（レファレンダム）で過半数の同意が必要である。

る。
一の地方公共団体のみに適用される特別法

5 地方財政の自主財源には，地方税と地方債がある。しかし，多くの地方公共団体は自主財源だけで歳出を賄うことができないため，地方交付金や国庫支出金なども財源となっている。さらに，財政再生団体となった地方公共団体は，赤字公債を発行することができるようになる。

難易度 ★★★　重要度 ★★★

1 地方公共団体では，[Ⓐ　　　　　] である議会の議員と執行機関である首長とを，住民が直接選挙で選出するが，執行機関には，そのほかに，特定分野について独立した権限を与えられた行政委員会がある。教育委員会の委員は首長の任命，選挙管理委員会の委員は議会の選挙といったように選出方法はさまざまである。

2 地方分権一括法の施行（2000年）により，国と地方公共団体を上下関係に置く機関委任事務制度は廃止され，地方公共団体の事務は自治事務と法定受託事務とに区分し直された。後者は国においてその適正な処理を特に確保する必要があるものとされ，[Ⓑ　　　　　] や代執行など国の強い関与が認められている。

3 住民は有権者の原則３分の１以上の署名で議会解散の請求ができるほか，同様に議員，首長，主要公務員の解職請求を行うことができる。また，議員の３分の２以上の出席，４分の３以上の賛成によって首長の不信任案が可決された場合，首長は [Ⓒ　　　　　] 以内に議会を解散しない限り失職する。

4 法律よりも厳しい規制を定める「上乗せ条例」は，法律の規定が全国一律の規制を施す趣旨でない場合，地方の実情に応じた独自の規制を施すことは国の法令に違反しないため，成立に特別の手続きも必要ない。

5 地方公共団体の財源には自ら収入できる自主財源（地方税，負担金，分担金，使用料，手数料，寄付金など）と国など他者から受け入れる [Ⓓ　　　　　]（地方交付税，国庫支出金，地方債など）がある。財政再生団体は，総務大臣の許可を得て再生振替特例債（赤字公債）を発行できる。

Point

- □ 不信任案可決による解散後初めて召集された議会で不信任案が出席議員の過半数で可決された場合，首長は失職する。
- □ 現在，地方財政法の特例として地方交付税の不足を補う臨時財政対策債（赤字公債）の発行が認められている。

Ⓐ：議事機関，Ⓑ：是正の指示，Ⓒ：10日，Ⓓ：依存財源

民主主義

民主主義に関する記述として，最も妥当なものはどれか。

令和３年度
国家総合職

1 民主政を初めて本格的に実践したのは，古代~~ローマ~~ギリシャの都市国家である。古代~~ローマ~~ギリシャの民主政の特徴の一つは，政治参加の権利が~~市民~~成人男性全員に平等に与えられたということであり，~~性別~~家柄や財産にかかわらず都市国家に住む~~市民~~成人男性全員が直接政策を議論し決定する**直接民主政**が行われていた。ただし，都市国家に住む奴隷には政治参加の権利は認められていなかった。
➡女性にも認められていなかった

2 16～18世紀のヨーロッパでは，**王権神授説**に基づき国王が国家を支配する絶対王政が敷かれており，民衆が政治にかかわることはできなかった。しかし，商工業の発展に伴い台頭するようになった**市民階級**が，次第に政治にも影響力を及ぼすようになった。彼らは政治的・経済的な自由や権利の要求を掲げて国王と闘い，ピューリタン革命，名誉革命，フランス革命などの**市民革命**を成し遂げた。

3 絶対王政を打倒し市民による政治を目指す市民革命は，民主政治の基礎となる諸原理を生み出した。~~ホッブズ~~ルソーは，著書『**社会契約論**』において，自然状態の~~下では「万人の万人に対する闘争」が生じるため，その闘争~~平和な理想状態は私有財産の発生により戦争状態に至ってしまうため，それを避けるためには，全人民の共同の利益を追求する**一般意志**によって共同体を運営することが必要であるとの考えを示し，絶対王政に反対した。
➡一般意思ともいう

4 ~~国民主権は，~~基本的人権の保障~~と並び~~は，民主政治を支える最も重要な原理の一つである。~~国民主権の原理~~基本的人権の保障は，**フランス人権宣言**第１条の「人は，自由かつ権利においても平等なものとして出生し，かつ生存する」や，**アメリカ独立宣言**の「全ての人間は生まれながらにして平等であり，その創造主によって，生命，自由，及び幸福の追求を含む不可侵の権利を与えられている」といった表現に体現されている。

5 ~~1970~~1980年代中頃以降，世界各地で**権威主義**から民主主義への体制移行が相次いで起こった。まず，~~1970年代中頃~~1980年代後半にハンガリーやポーランドなどの東欧諸国が民主化すると，急激な経済成長により人々の政治参加の要求が高まっていた台湾や韓国といった東アジアでも民主的政権が樹立された。~~一方~~同様に，アルゼンチンやブラジルなどの南米諸国~~では~~でも，1990年代~~後半まで~~初めまでに軍部による独裁政権~~が維持された~~から民政への移管が進展した。

難易度 ★★★　重要度 ★★★

1 古代ギリシャの都市国家は比較的小規模であり，成人男子(自由市民)全てが民会に集い，政策の決定と執行に関与する直接民主政が可能であった。なお，[Ⓐ　　　　　] は，多数者支配の堕落した形態を「民主政」と呼び，よい形態の「国制」と区別した。

2 王権神授説は君主の権威は神から直接与えられたものと説き，国王が教会や諸侯を支配する絶対王政を理論的に支えた。一方，自然権を前提とする [Ⓑ　　　　　] は，台頭する市民階級が市民革命を推し進める理論的根拠となった。

3 ホッブズは著書『[Ⓒ　　　　　]』において，自然状態は「万人の万人に対する闘争」状態であって，自己保存のために自然権を主権者に譲渡し無条件で従う必要があると説き，社会契約説の立場から絶対王政を理論化した。

4 ロックは著書『[Ⓓ　　　　　]』において，政府は人々との [Ⓔ　　　　　] により設立されたとした。この国民主権の原理は，フランス人権宣言第3条「あらゆる主権の原理は，本質的に国民に存する」，アメリカ独立宣言の「政府の権力はそれに被治者が同意を与えるときにのみ正当とされる」といった表現に引き継がれている。

5 1989年の [Ⓕ　　　　　] の非共産主義政権の誕生を皮切りに，東欧諸国に民主化が広まった。同時期の1987年，台湾では戒厳令が解除され，韓国では大統領直接選挙が復活している。1970年代に南米諸国に成立した軍事独裁政権は80年代から90年代初めにかけて相次いで民政に移管された。

Point

- □ 古代共和制ローマの民会，元老院，執政官からなる混合政体をギリシャ人のポリビウスは政治を安定させるものとして評価した。
- □ ポーランドでは1980年結成の自主管理労組「連帯」が民主化運動の中心となった。

Ⓐ：アリストテレス，Ⓑ：社会契約説，Ⓒ：リヴァイアサン，Ⓓ：市民政府二論(統治論)，Ⓔ：信託，Ⓕ：ポーランド

政治041

日本の行政

わが国の行政に関する記述として最も妥当なのはどれか。

平成30年度
国家一般職

1 行政権は内閣に属し，その主な権限としては，一般行政事務のほか，法律の執行，外交関係の処理，予算の作成と国会への提出，政令の制定などがある。また，国家公務員法は，一般職の国家公務員に対して，争議行為を禁じているほか政治的行為を制限している。

2 中央省庁等改革基本法の制定に伴い，中央省庁は，それまでの1府~~12~~ 22 省庁から1府~~22~~ 12 省庁に再編された。これにより多様化する行政課題に対して，きめ細かい対応ができるようになったが，さらに2010年代には，スポーツ庁や防衛装備庁も設置されている。

3 行政の民主的運営や適切かつ能率的運営を目的として，準立法的機能や準司法的機能は~~与えられていないものの~~ 与えられて，国の行政機関から独立した行政委員会が国家行政組織法に基づき設置されている。この行政委員会の例としては，公害等調整委員会~~や選挙管理委員会~~などがある。
➡国家行政組織法に基づいてはいない

4 効率性や透明性の向上を目的として，各省庁から一定の事務や事業を分離した独立行政法人が設立されている。具体的には，国立大学，国立印刷局，~~日本放送協会~~や造幣局などがあるが，これらの組織で働く職員~~は~~ には 国家公務員としての身分を~~有していない~~ 有するものと有しないものがある。
➡放送法に基づく特殊法人

5 情報公開法が1990年代前半に制定され，それまで不明瞭と指摘されてきた行政指導や許認可事務について，行政運営の公正の確保と透明性の向上が図られた。その後，1990年代後半には行政手続法が制定され，政府の国民に対する説明責任が明確化された。

難易度 ★★★ 重要度 ★★★

1 正しい。憲法65条は，行政権は内閣に属すると定める。主要な権限は73条その他に規定され，[Ⓐ　　　　] の締結，恩赦の決定なども含まれる。国家公務員法は一般職の公務員に対し，同盟罷業や怠業などの争議行為を禁止し，選挙権の行使を除く政治的行為を制限する。

2 中央省庁等改革基本法により，2001年に中央省庁は「1府22省庁」から「1府12省庁」に再編された。[Ⓑ　　　　] 行政の弊害の排除などが目的であり，内閣府の新設などもなされた。なお，スポーツ庁や防衛装備庁は2015年に設置されたが，それぞれ文部科学省・防衛省の外局であり，国務大臣を長としない。

3 行政委員会は，[Ⓒ　　　　] 制の行政機関であり通常の行政機能のほかに準立法的機能や準司法的機能を与えられるものもある。国家行政組織法のほか，国家公務員法（人事院），内閣府設置法（公正取引委員会など）に基づき設置される。選挙管理委員会は地方自治法に基づき地方公共団体に置かれる。

4 独立行政法人は独立行政法人通則法に基づくが，広義には国立大学を運営する国立大学法人（国立大学法人法に基づく）を含む。独立行政法人のうち [Ⓓ　　　　] の職員は国家公務員の身分を有するが，国立研究開発法人，中期目標管理法人は非公務員である。

5 行政手続法（1993年制定）は，行政運営における公正の確保と透明性の向上を図るため，処分・行政指導・届出の手続き，命令等を定める手続きなどを定める。情報公開法（1999年制定）は，政府がその活動について国民に説明する責任を明確化し，[Ⓔ　　　　] の開示請求権を規定する。

Point

- ☐ 警察庁を管理する国家公安委員会は内閣府の外局の行政委員会であるが，国務大臣を委員長とし，「庁」と数えられる。
- ☐ 地方には地方独立行政法人が設立されるが，職員を地方公務員とする特定地方独立行政法人と非公務員型の一般地方独立行政法人がある。

Ⓐ：条約，Ⓑ：縦割り，Ⓒ：合議，Ⓓ：行政執行法人，Ⓔ：行政文書

日本の地方自治

わが国の地方自治に関する次の記述のうち，妥当なものはどれか。

平成 28 年度
地方上級

1 地方公共団体には，教育委員会や選挙管理委員会などの委員会が置かれているが，これは専門的な分野において，首長~~の指揮監督の下，政策について首長に助言すること~~を目的とした機関である。
から独立して職務を執行すること

2 直接民主制的制度が設けられており，たとえば，選挙権を有する住民が一定数以上の署名をもって，首長に対して条例の制定を請求したときは，首長はこれ~~を住民投票に~~付さなければならず，そこで過半数の賛成が得られたときには，当該条例案は条例となる。
に意見を付けて議会に

3 地方税法には住民税や固定資産税などの税目が挙げられているが，地方公共団体が条例を制定し，地方税法に規定されていない新たな税目を独自に起こすことは~~できない~~。
できる

4 地方交付税制度は，地方公共団体間の財政格差の是正を目的としており，~~財政状況の健全な地方公共団体から徴収された交付税を~~，財源不足に陥っている地方公共団体に配分している。
特定国税の一定割合と地方法人税の全額を財源とし

5 人口 50 万人以上の市が政令で指定され，政令指定都市になると，都道府県からその権限を大幅に移譲される。

難易度 ★★　重要度 ★★★

1 地方公共団体の［Ⓐ　　　　　　］として，首長のほか，政治的中立性の確保や専門的知識に基づく判断を行う分野に関して委員会・委員が置かれる。これらは首長とは独立して職務を執行し，その指揮監督を受けない。これとは別に，首長からの諮問を受け助言・調査などを行う附属機関として審議会・調査会などがある。

2 地方公共団体の［Ⓑ　　　　　　］制度には，条例の制定・改廃の請求（イニシアティブ），監査請求，またリコールとも呼ばれる議会の解散請求や議員・首長・主要公務員の解職請求がある。リコールについては住民投票が実施され過半数の同意があった場合，解散・解職となる。

3 地方公共団体には自主課税権が認められており，［Ⓒ　　　　　　］を制定し新たな税目を独自に起こすことができる。こうした税目は法定外税と呼ばれる。

4 地方交付税の財源には，国税（所得税・法人税・酒税・消費税）の一定割合と地方法人税の全額が充てられ，税収の少ない地方公共団体に手厚く配分される。

5 正しい。政令で指定された一定人口規模の大都市には都道府県から権限が移譲されるが，現在，政令指定都市（人口50万以上）と［Ⓓ　　　　　　］（人口20万人以上）の２つの制度がある。

Point

- □ 条例の制定・改廃の請求と監査請求に必要な署名数は，有権者の50分の１以上，リコールは３分の１以上である。
- □ 地方交付税は，使途があらかじめ特定されず地方公共団体が自由に使用できる「一般財源」である。

Ⓐ：執行機関，Ⓑ：直接請求，Ⓒ：条例，Ⓓ：中核市

日本の政党政治

わが国の政党政治に関する次の記述のうち，妥当なものはどれか。

令和３年度
警察官

1 55年体制は二大政党制の期待をもって出発したが，実際には自民党が政権を握り，「１と２分の１政党制」ともいわれるほど政権交代の可能性の極めて低い一党優位の体制であった。

2 帝国議会開設以前に多くの政党が結成・活動していたが，わが国で初めて本格的な政党内閣が成立したのは，~~第二次大戦後の吉田内閣~~である。
第一次世界大戦末期の原内閣

3 2000年代に入り自民党が打ち出した「構造改革」路線に対する批判が高まり，2009年の衆議院議員選挙の結果，~~維新の党~~を中心とした~~菅内閣~~が成立した。
民主党　鳩山内閣

4 1955年，左右に分裂していた~~自由民主党~~の統一に続き，保守合同で~~社会党~~が結成されたことにより，その二党を中心とする二大政党制が誕生した。
社会党　自由民主党
➡実質は１と２分の１政党制であった

5 1993年，自由民主党が分裂し，衆議院の解散を経て総選挙が実施され，その結果，非自民７党１会派連立による~~村山内閣~~が誕生し，55年体制が崩壊した。
➡新党さきがけ，新生党
細川内閣

1 1955年から1993年までの社会党と自民党の二党を軸とした政治体制を55年体制と呼ぶ。一貫して自民党が優位にあり，社会党の国会の議席はその半分程度にとどまったことから,「1と2分の1政党制」などと呼ばれる。

2 国会開設の詔(1881年)を受け自由党や立憲改進党が組織されたが，帝国議会開設後も藩閥勢力は［Ⓐ　　　　］主義を維持した。しかし，1918年には，大正デモクラシーの高まりもあり，衆議院議員原敬(立憲［Ⓑ　　　　］)を首相とする初の本格的政党内閣が成立した。

3 自民党小泉内閣(2001年成立)は郵政民営化などの構造改革を進め，後継の安倍，福田，［Ⓒ　　　　］内閣もそれを継承した。世界金融危機の影響のなか構造改革路線の総括も争点となった2009年総選挙の結果，民主党への政権交代となり鳩山内閣が成立した。

4 1951年に［Ⓓ　　　　］条約・日米安保条約の賛否を巡って右派・左派に分裂した社会党は，その後それぞれ議席を拡大，1955年には政権獲得に向け再統一を行い，自由党を抜き衆議院第二党となった。同年［Ⓔ　　　　］党と自由党はこれに対抗し自由民主党を結成した。

5 総選挙直前に新党離脱が相次いだ与党自民党は衆議院議席の過半数を割ることとなった。総選挙の結果，自民党は過半数を回復できず，非自民7党1会派による細川(［Ⓕ　　　　］党)内閣が成立した。一方，社会党も半数近く議席を減らし，55年体制は崩壊した。

Point

- ☐ 55年体制の下の日本は，選挙による競合の結果単独の政党が他を圧倒する一党優位制に分類される。
- ☐ 内閣は議会や政党に影響されないという考えを超然主義といい，選挙結果に関係なく組閣される内閣を超然内閣という。
- ☐ わが国最初の政党は愛国公党(1874年)，最初の政党内閣は大隈(憲政党)内閣(1898年)である。

Ⓐ：超然，Ⓑ：政友会，Ⓒ：麻生，Ⓓ：サンフランシスコ講和，Ⓔ：日本民主，Ⓕ：日本新

政治044

違憲審査権と最高裁判所

違憲審査権と最高裁判所に関する記述として，最も妥当なのはどれか。

1 違憲審査権は最高裁判所だけに認められた~~権限であり~~（権限ではなく），最高裁判所は高等裁判所や地方裁判所が違憲審査権を行使することを~~認めていない~~（認めている）。

2 最高裁判所は具体的な争訟事件ではない疑義論争に抽象的な判断を下す権限を持たず，違憲審査権は司法権の範囲内において行使されるものであるとしている。

3 最高裁判所は，憲法第81条に規定された違憲審査の対象である「処分」は行政庁による行政行為に~~限定し~~（限定されず），裁判所の判決は「処分」に~~当たらない~~（当たる）としている。

4 最高裁判所は，憲法が条約に優位するという憲法優位説を~~とり~~（とっているといえるが），すべての条約が違憲審査の対象になる~~としている~~（とはしていない）。

5 最高裁判所は，森林法による共有林分割制限についての裁判において，森林法そのものは~~合憲であるが，当事者に適用される限度において~~（分割を制限した規定について）違憲であるとした。

難易度 ★★★　重要度 ★★★

1 最高裁判所は，違憲審査権を行使する権限を有する［Ⓐ　　　　　］であるから，最高裁判所の判例も高等裁判所などの下級裁判所が違憲審査権を行使することを認めている。

2 正しい。最高裁判所の判例は，わが国の違憲審査権は，特定の者の［Ⓑ　　　　　］な法律関係につき紛争の存する場合にのみ裁判所にその判断を求めることができる制度であるとする。

3 最高裁判所は，裁判は，個々の事件について具体的処置をつけるものであるから，一種の処分に該当し，［Ⓒ　　　　　］は行政処分たると裁判たるとを問わず，違憲審査の対象になるとする。

4 最高裁判所は，憲法優位説を前提としていると解され，条約は原則として，裁判所の司法判断にはなじまず，［Ⓓ　　　　　］に違憲無効と認められない限りは裁判所は当該条約の審査ができないとする。

5 違憲判断の方法には，法令そのものを違憲とする「［Ⓔ　　　　　］」の判決と，法令自体は合憲でも，それが当該事件の当事者に適用される限度において違憲であるという「適用違憲」の判決とがある。森林法事件の判決は，前者の例である。

Point

- ☐ 家庭裁判所にも違憲審査権が認められている。
- ☐ 裁判所の裁判も違憲審査権の対象になる。
- ☐ 最高裁判所は条約に対する違憲審査の可能性を認めている。
- ☐ 違憲判断の方法には，大別して，法令違憲と適用違憲の判決とがある。

Ⓐ：終審裁判所，Ⓑ：具体的，Ⓒ：一切の処分，Ⓓ：一見極めて明白，Ⓔ：法令違憲

司法制度

我が国の司法制度に関する記述として最も妥当なのはどれか。

平成27年度
国家専門職

1 日本国憲法では，司法の公正と民主化を図るため，司法権の独立の原則を確立しており，具体的な規定の一つとして裁判官の身分保障を定めている。全ての裁判官は，弾劾裁判所で罷免の決定を受けたときを除いては，罷免されることはない。
また心身の故障のために職務を執ることができないと裁判で決定されたとき

2 裁判は三審制を原則としており，第一審の判決を不服として上訴することを~~上告~~（控訴），第二審の判決を不服として上訴することを~~控訴~~（上告）という。国民の権利保障を慎重に行うため，第二審を飛び越して直接最高裁判所に上訴することは~~認められていない~~。
➡事実問題に争いがない場合，憲法違反を理由とする場合などには認められる。

3 再審請求は，刑が確定しても判決の基となった事実の認定に合理的な疑いがあるような新たな証拠が発見された場合に，裁判のやり直しを請求できる制度である。無罪判決~~や死刑判決~~に対しては，再審請求はできない。

4 刑事事件においては，検察官は公益を代表して裁判所に訴えを起こし，また，裁判の執行を監督する検察権を持っている。検察官のした不起訴処分の当否を審査することなどを行う機関として，検察審査会が設置されている。

5 国民の司法参加を保障するため，殺人など重大な刑事事件の第一審で，有権者から無作為に選出された裁判員が裁判官と共に事実認定を行い，有罪・無罪の判決を下す裁判員制度が実施されている。有罪の場合，量刑の決定は裁判官~~が行い，~~（と）裁判員~~は加わらない~~（がともに行う）。

解説

難易度 ★★★　重要度 ★★

1 憲法76条は，司法権と裁判官の独立を定めており，裁判官は，心身の故障や国会の弾劾裁判など特別な理由のない限り罷免されない。さらに，最高裁判所裁判官については，衆議院総選挙の際の[Ⓐ　　　　]で投票者の過半数が罷免に賛成のときにも罷免される。

2 控訴審を行わず直接に上告裁判所に上訴する手続きは，民事裁判では飛躍（飛越）上告，刑事裁判では[Ⓑ　　　　]といわれ，第一審が地方裁判所の場合，直接最高裁判所に上訴することになる。

3 再審請求は，刑事・民事の双方に定められている。刑事裁判では死刑を含め有罪の確定判決を受けた者の利益のためにのみ，偽造証拠や虚偽証言などによって有罪が確定した場合や，無罪・減刑の対象となる新たな証拠が発見された場合などに認められる。

4 正しい。検察官は検察庁に属し，刑事事件において被疑者を起訴する。検察審査会は，[Ⓒ　　　　]とその支部の所在地に置かれ，有権者からくじで選ばれた11人の審査員で構成される。検察審査会による起訴議決によっても検察官が起訴しない場合に再度起訴議決が下されると，裁判所指定の[Ⓓ　　　　]が起訴を行うことになる。

5 裁判員裁判では，有権者からくじで選ばれた6人の裁判員が3人の裁判官とともに審理する。アメリカの[Ⓔ　　　　]では，陪審員が裁判官から独立して有罪・無罪を判断し，量刑は裁判官が決める。

Point

- □ 日本国憲法では，特別裁判所の設置や行政機関が終審として裁判を行うことは認められていない。
- □ 裁判官の独立の規定により，裁判官は司法外部のみならず内部からの干渉も受けず，独立して個々に職権を行う。

Ⓐ：国民審査，Ⓑ：跳躍上告，Ⓒ：地方裁判所，Ⓓ：弁護士，Ⓔ：陪審制

日本の裁判所

日本の裁判所に関する記述として，妥当なのはどれか。

平成30年度
地方上級

1 憲法は，裁判官の独立を保障するとともに，裁判官に身分保障を与える規定を設けており，裁判官は，裁判により，心身の故障のために職務を執ることができないと決定された場合~~を~~除いて罷免されることはない。
などを

2 最高裁判所は，内閣の指名に基づいて天皇が任命する長官と，内閣総理大臣が任命する14名の裁判官で構成されるが，下級裁判所の裁判官については，~~最高裁判所の長官~~が~~内閣の同意に基づき~~任命することとされている。
内閣　最高裁判所の指名した者の名簿によって

3 裁判において判決に不服がある場合は，上級の裁判所に再度審議と判決を求めることができるが，三審制により，3回目で最終審となり~~判決が確定するため，~~判決が確定した後の再審は~~認められていない~~。
認められることがある

4 裁判所は，一切の法律，命令，規則，処分が憲法に違反していないかどうかを判断する違憲法令審査権を持ち，この権限はすべての裁判所に与えられており，最高裁判所が終審裁判所として位置づけられている。

5 裁判員制度は，一定の重大な犯罪に関する刑事事件の~~第二審まで~~に限定して，
第一審のみ
有権者の中から無作為に選ばれた裁判員が裁判官と一緒に裁判にあたる制度であり，裁判員は，量刑の判断~~を除いて~~，裁判官と有罪か無罪かの決定を行う。
と併せて

1 憲法は76条3項で裁判官の職務上の独立を定め，併せて身分保障の制度（78条・79条6項・80条2項）を規定する。裁判官が罷免される場合には，①公の弾劾（[Ⓐ　　　　]），②執務不能の裁判，③最高裁判所裁判官に対する国民審査の三つがある。

2 最高裁判所は長官と14人の判事の計15人で構成される。高等裁判所長官の任免についても最高裁判所判事と同じく天皇が認証する。下級裁判所の裁判官には[Ⓑ　　　　]年の任期がある（再任可）。

3 確定判決について重大な瑕疵が発見された場合に，再審が認められる。刑事訴訟においては，有罪判決を受けた者の利益のためにのみ認められる。再審請求権は，[Ⓒ　　　　]，被告人およびその代理人などに認められる。

4 正しい。国の最高法規である憲法に違反する法律，命令，規則，処分，国家的行為はすべて無効になる。違憲法令審査権がこれを担保し，最高裁判所のみならず下級裁判所もこの権限を持つ。[Ⓓ　　　　]制を憲法は採用し，具体的事件の解決に付随して審査が行われる。

5 裁判員制度は，地方裁判所で行われる刑事裁判の第一審のうち殺人罪，傷害致死罪など一定の重大な犯罪について導入されている。裁判員候補者は[Ⓔ　　　　]歳以上の有権者から「くじ」で選任される。原則として，裁判官3人と裁判員6人が合議制で有罪・無罪の決定や量刑の判断を行う。

- □ 裁判官には定年があり，最高裁判所と簡易裁判所は70歳，その他は65歳である。
- □ 裁判員裁判で被告に不利な判断をする場合には，1人以上の裁判官の多数意見への賛成が必要である。

Ⓐ：弾劾裁判，Ⓑ：10，Ⓒ：検察官，Ⓓ：付随審査，Ⓔ：20

裁判員制度

わが国の裁判員制度に関する記述として，最も妥当なのはどれか。

平成 29 年度
警察官

1 ~~第二次世界大戦後まもなく導入され~~，2000 年代に入り~~今の制度に改正~~（導入）された。

2 裁判員制度の対象となるのは，殺人などの重大犯罪についての刑事裁判~~・控訴審・上告審，少年審判~~（の第一審）に限られる。

3 裁判員制度による裁判は，特別な事情がなければ原則として裁判員 ~~12~~（6）名，裁判官 ~~6~~（3）名の計 ~~18~~（9）名で行われる。

4 有罪・無罪の決定および量刑の評議は，裁判員および裁判官の全員で協同して行う。

5 有罪・無罪の決定および量刑の評議に関して，裁判員と裁判官の意見が一致しないときは多数決となるが，裁判員~~2名の意見が~~（と）裁判官~~1名~~の意見~~と~~（は）同じ重みを持つ。

難易度 ★★★ 重要度 ★★★

1 2004 年に裁判員の参加する刑事裁判に関する法律が成立し，2009 年より裁判員制度が刑事裁判に導入された。なお，1928 年から 1943 年まで刑事裁判に陪審制度が採用されていた。

2 裁判員制度の対象となるのは，重大犯罪についての刑事裁判の［Ⓐ　　　　］のみである。

3 裁判員裁判は，原則として裁判員６名と裁判官３名の［Ⓑ　　　　］で行われる。

4 正しい。有罪・無罪の決定（［Ⓒ　　　　］）および量刑の決定は，裁判員と裁判官の全員で共同して行う。アメリカの陪審制では，陪審員が事実認定を行い，裁判官が量刑を決定する。

5 評議を尽くしても意見の一致が得られない場合，評決は多数決で行われる。被告人に不利な判断をする場合には，裁判員と裁判官の双方１名が多数意見（［Ⓓ　　　　］）に賛成している必要がある。

Point

- □ 市町村の選挙管理委員会が「くじ」により裁判員候補補予定者名簿を作成し，これをもとに各地方裁判所が裁判員候補者名簿を作成するが，これに登録されるのは 20 歳以上（選挙権年齢が 18 歳以上に引き下げられたが，裁判員は当分の間変わらない）に限られる。
- □ 事件ごとに裁判員候補者名簿の中から，「くじ」で裁判員候補者が選ばれるが，70 歳以上，会期中の地方議員，学生，また重病・家族の介護など一定のやむをえない理由がある場合は辞退できる。

Ⓐ：第一審，Ⓑ：合議制，Ⓒ：事実認定，Ⓓ：過半数

政治048

司法制度と市民のかかわり

我が国における司法制度と市民のかかわりに関する記述として最も妥当なのはどれか。

平成23年度 国税専門官

1 日本司法支援センター（法テラス）は，総合法律支援法に基づき設立された法人であり，民事・刑事を問わず，法による紛争の解決に必要な情報やサービスの提供，犯罪被害者支援業務，司法過疎対策業務等を実施している。

2 検察審査会は，検察官が被疑者を裁判にかけなかったことの是非について，~~公募採用~~（有権者からくじで選定）された~~6~~（11）人の検察審査員により審査をする機関である。検察審査会の「起訴相当」の議決に対し再度捜査をした検察官から不起訴とする通知を受けた場合，検察審査会は，改めて「起訴相当」とする議決は~~できない~~（できる）。

3 犯罪被害者支援施策の一環として被害者参加制度が導入されている。これは，被害者が刑事裁判に参加し，~~検察官や弁護士の同意がなくとも独立して~~（検察官に申し出て，裁判所が相当と認めた場合に）被告人に~~自由に~~質問し，量刑に関する意見を述べること等を可能にした制度であるが，その制度の対象は被害者本人に~~限られる~~（限られない）。

4 地方裁判所で行われる刑事裁判のうち殺人や傷害致死などの重大事件については，裁判員裁判の対象となる。裁判員裁判では，満20歳以上の有権者からくじで選出された~~裁判員6人が事実認定を行った後，裁判官3人が量刑を判断する~~（裁判員と裁判官は合議で事実認定と量刑を判断する）。

5 日本国憲法は，裁判の対審と判決を公開法廷で行うと規定しており，最高裁判所は，国民一人一人が裁判の傍聴を権利として要求できることを~~認めている~~（認めていない）。ただし，傍聴は自由にできるものの，傍聴席でのメモ取りや写真撮影は~~禁止されている~~（➲傍聴席でのメモ取りは，故なく妨げてはならない）。

難易度 ★★★ 重要度 ★★

1 正しい（総合法律支援法2条～6条，30条等参照）。日本司法支援センター(法テラス)の設立も，明確なルールと自己責任原則に貫かれた事後チェック・救済型社会へ転換するために，国民の視点から，司法の基本的制度を抜本的に見直す［Ⓐ　　　　　］の一環である。

2 検察審査会の「起訴相当」の議決に対し再度捜査をした検察官から不起訴とする通知を受けた場合でも，検察審査会は，改めて「起訴相当」とする議決をすることができる。平成21年5月から，この検察審査会の2度目の起訴議決には［Ⓑ　　　　　］が与えられ，この起訴議決に基づいて公訴が提起されることになった。

3 被告事件の手続への参加を許された者（被害者参加人）による被告人への質問は，自由には行えず，［Ⓒ　　　　　］に申し出て，裁判所が相当と認めた場合に限られる。また，この制度の対象は被害者本人に限られず，被害者が死亡もしくは心身に重大な故障がある場合には，その配偶者・直系の親族・兄弟姉妹，被害者の法定代理人にも認められる。

4 裁判員裁判では，裁判員と裁判官で合議により，①事実の認定，②法令の適用，③刑の量定，を判断する。

5 最高裁判所は，裁判の公開を定める憲法の規定は，裁判を一般に公開して裁判が公正に行われることを制度として保障するものだが，国民一人一人が裁判の傍聴を権利として要求できることまでを認めていないとする。また，傍聴人に対して法廷において［Ⓓ　　　　　］ことは権利として保障しているものではないが，特段の事情のないかぎり故なく妨げてはならないとしている。

Point

- ☐ 検察審査会の２度目の起訴議決には法的拘束力が与えられる。
- ☐ 平成19年の刑事訴訟法の改正により，被害者参加制度が創設されたが，被害者参加人は訴訟当事者として参加するものではない。
- ☐ 裁判員裁判は，地方裁判所で行われる重大な刑事裁判を対象に，満20歳以上の有権者からくじで選出された裁判員６人と裁判官３人（原則）で合議により事実認定と量刑を判断する。
- ☐ 傍聴人が法廷でメモを取ることは権利として保障されてはいないが，特段の事情のないかぎり故なく妨げてはならない。

Ⓐ：司法制度改革，Ⓑ：法的拘束力，Ⓒ：検察官，Ⓓ：メモを取る

政治049

裁判員制度

わが国の裁判員制度に関する記述として，妥当なのはどれか。

平成21年度
地方上級

1 裁判員制度は，「裁判員の参加する裁判に関する法律」の規定に基づき，国民が裁判員として，地方裁判所で行われる刑事裁判~~および民事裁判~~に参加する制度である。
民事裁判は裁判員制度の対象ではない

2 刑事裁判における裁判員は，裁判官と一緒に法廷に立ち会い，被告人が有罪か無罪かを裁判官と一緒に評議し，評決することになるが，有罪の場合にどのような刑にするかには~~関与しない~~。
関与する

3 わが国の裁判員制度のように，国民が裁判に参加する制度は，不文法主義を採るアメリカ，イギリスでも行われている一方，成文法主義を採るフランス，ドイツでは~~行われていない~~。
行われている

4 裁判員となることによる国民の負担が過重なものとならないようにし，負担の公平化を図るため，過去5年以内に裁判員を務めたことのある人は，裁判員に選ばれることは~~ない~~。
ある

5 裁判員制度は，特定の職業や立場の人に偏らず，広く国民が参加する制度であるから，原則として辞退できないが，会期中の地方公共団体の議会の議員であることは，辞退事由として定められている。

難易度 ★☆☆　重要度 ★★★

裁判員制度は司法制度改革の一環として，広く国民が裁判に参加することを目的として，2009 年 5 月から開始された。

1 裁判員制度は，地方裁判所で行われる［Ⓐ　　　　］裁判について適用される。また，その対象となる事件は殺人罪，強盗致死傷罪などの重大な犯罪に限られている。

2 裁判員制度の対象となる裁判は，原則として，裁判官 3 人と裁判員［Ⓑ　　　　］人の合議体によって行われる。裁判員は裁判官とともに有罪・無罪の判断を下し，どのような刑にするのか（量刑）の評決にも加わる。なお，裁判員制度と同じく国民が裁判に参加する制度の一つに陪審員（ばいしんいん）制度があるが，陪審員は有罪・無罪の判断を下すだけで量刑には関与しない，という違いがあることに注意！

3 アメリカ，イギリスは陪審員制度，フランス，ドイツは参審制（さんしんせい）を採用している。参審制では，参審員は無作為に選ばれるのではなく任期制となっている。また，参審員は［Ⓒ　　　　］と合議体を形成して，犯罪事実の認定や量刑のほか，法律問題についても判断を行う。成文法主義とは文書で記された法律によるという原則，不文法主義とは文書の形式を備えない慣習法や判例法によるという原則のことであるが，これらは国民の司法参加には直接的な関係がない。

4 一度裁判員候補となった人は，（結果的に裁判員に選任されなかったとしても）同じ年に再び裁判員候補になることはない。ただし，年が変われば再び選ばれる可能性がある。

5 正しい。辞退事由として法律で定められているのは以下の通りである。①［Ⓓ　　　　］歳以上の人，②会期中の地方公共団体の議会の議員，③学生，④ 5 年以内に裁判員を務めた人，など。

Point

- ☐ アメリカ，イギリスは陪審員制度，フランス，ドイツは参審制を採用している。
- ☐ 日本の裁判員制度において，裁判員は有罪か無罪かの判断だけでなく，量刑にも関与する。

Ⓐ：刑事，Ⓑ：6，Ⓒ：裁判官，Ⓓ：70

司法制度

わが国の裁判所および司法制度に関する記述として，妥当なのはどれか。

令和２年度
地方上級

1 日本国憲法は，すべての司法権は，最高裁判所および法律の定めるところにより設置する下級裁判所に属~~し~~，下級裁判所には高等裁判所，地方裁判所，家庭
すと定め，裁判所法が
裁判所，簡易裁判所~~，行政裁判所~~があると定めている。

2 裁判官は，裁判により心身の故障のため職務を執ることができないと決定された場合~~に限り~~罷免され，行政機関は裁判官の懲戒処分を行うことができない。
などに

3 ~~最高裁判所~~は，訴訟に関する手続，弁護士，裁判所の内部規律および司法事務処理に関する事項について，規則を定める権限を有する。

4 内閣による最高裁判所の裁判官の任命は，その任命後初めて行われる~~参議院議員選挙~~の際，国民の審査に付さなければならない。
衆議院議員総選挙

5 裁判員制度は，重大な刑事事件~~および民事事件~~の第一審において導入されており，原則として有権者の中から無作為に選ばれた裁判員６人が，有罪・無罪と量刑について，３人の裁判官と合議して決定する。

1 憲法の規定を受けて裁判所法が，下級裁判所として高等裁判所，地方裁判所，家庭裁判所，簡易裁判所を定めている。戦前に置かれていた行政裁判所などの［Ⓐ　　　　　］は設置できない。

2 裁判官が罷免される場合には，執務不能の裁判のほか，国会の弾劾裁判と，最高裁判所裁判官に対する［Ⓑ　　　　　］によるものがある。懲戒処分は上級裁判所の分限裁判によって決定される。

3 憲法 77 条は最高裁判所の規則制定権を定め，検察官についても最高裁判所の定める規則に従わなければならないと規定している。

4 最高裁判所の長官は内閣の指名に基づいて［Ⓒ　　　　　］が任命し，それ以外の裁判官については内閣が任命する。長官とそれ以外の裁判官はともに，任命後初めて行われる衆議院議員総選挙の際に国民審査を受ける。

5 裁判員裁判は，地方裁判所で行われる重大な犯罪の刑事裁判の第一審について導入されている。［Ⓓ　　　　　］歳以上の有権者から無作為にくじで選ばれた裁判員６人と裁判官３人が合議により，有罪・無罪の決定や量刑について判断を行う。

Point

- ☐ 東京高等裁判所の特別の支部として知的財産高等裁判所が置かれている。
- ☐ 最高裁判所と下級裁判所には違憲法令審査権が与えられている。

Ⓐ：特別裁判所，Ⓑ：国民審査，Ⓒ：天皇，Ⓓ：20

経済

051 → 100

世界経済事情

近年の世界経済に関する記述として最も妥当なのはどれか。

平成30年度
国家総合職

1 日本では，バブル崩壊後の経済低迷が続く中，2001年に小泉内閣が誕生した。小泉内閣は日本経済再生を図るため，自由化・規制緩和・民営化をスローガンに，小さな政府をめざし，郵政事業の民営化をはじめ，~~社会保険庁の廃止~~，特殊法人の統廃合，国立大学の法人化などを行い構造改革を進めた。同時期の世界的な好景気にも支えられ，日本経済は~~平成景気と呼ばれる~~好景気を迎えた。

➡第1次安倍内閣
➡バブル経済期の好景気のこと

2 米国では，2001年に同時多発テロ事件が発生し経済的に大きな打撃を受けたが，情報通信産業などのハイテク産業を中心に企業の業績は回復し，~~いわゆるIT革命を先導しながら安定した経済成長を実現したため，株価は上昇した~~。こうした状況による歳入の増大を背景に「双子の赤字」の一つである~~財政赤字は解消され，リーマン・ショック発生まで，財政は黒字であった~~。

➡1990年代～2000年代初頭に関する記述
➡2002年度以降は財政赤字が続いている

3 中国は2000年から2015年まで実質GDP成長率が~~毎年~~（平均）10%以上であり，「世界の工場」としての役割を担い貿易黒字を重ねた。また，2010年頃には名目GDPで日本を抜き，米国に次ぐ世界第2位の経済大国となった。こうした状況を受け，中国の通貨である人民元の対ドルレートの切下げが行われるとともに，為替管理制度が~~管理フロート制からドル・ペッグ制に~~移行された。

2015年に
2005年にドル・ペッグ制から管理フロート制に

4 欧州連合（EU）では，英国などの一部の加盟国を除き，域内の共通通貨ユーロが導入され，2002年にユーロ紙幣や硬貨の流通が開始されるなど，ユーロ導入国による単一通貨市場が形成されている。2010年前後には，ギリシャの財政危機の深刻化により同国の国債の価格が低落し，それを保有する域内の金融機関が損失を被って，EUの金融不安が高まった。

5 東南アジア諸国連合（ASEAN）加盟国において，~~2000年代初頭に~~（1997年7月）~~インドネシアの~~（タイ）通貨である~~ルピア~~（バーツ）の暴落をきっかけに，~~タイ~~（インドネシア），マレーシア等の国々でも通貨の急落が発生した。このアジア通貨危機の影響で加盟国経済は大きな打撃を受けたが，国際通貨基金（IMF）や世界銀行，日本等の金融支援を受けながら，外需に依存した加盟国の景気は輸出の増加により回復し，各国通貨は安定を取り戻した。

各選択肢の記述も長く，一見難しそうな問題であるが，以下の解説のように単に得点するだけであれば特に細かい知識は要求されない（正誤判断は各論点の「幹」の部分で行うのが基本なので，無理に必要最低限を超える「枝葉」的な知識を身につける必要はない）。

1 本肢は，「平成景気」がバブル経済期の好景気のことであることを押さえていれば容易に誤りと判断できる。なお，日本郵政公社の民営化を決定したのが2000年代の小泉政権であることと併せて，電電公社（現NTT）・専売公社（現JT）・国鉄（現JR）のいわゆる3公社の民営化を決定したのが1980年代の［Ⓐ　　　　］政権であることも押さえておきたい。

2 米国の財政収支は，［Ⓑ　　　　］政権時代の1998年度に黒字化したが，2001年9月の同時多発テロ事件を契機とした軍事費の増大等を受けて2002年度に赤字に転じ，その後は一貫して赤字が続いている。なお，［Ⓒ　　　　］年9月のリーマン・ショックの影響でわが国がマイナス成長に陥ったことは押さえておきたい。

3 本肢は，近年中国の経済成長が鈍化していることを押さえていれば容易に誤りと判断できる。なお，中国が「米国に次ぐ世界第2位の経済大国」であることは押さえておきたい。

4 正しい。欧州連合（EU）は，［Ⓓ　　　　］条約の発効により1993年に発足し，1999年1月に共通通貨ユーロを導入したが，ユーロはEUの全加盟国が導入しているわけではない。2010年前後の欧州債務危機については，震源地が［Ⓔ　　　　］であることを押さえておきたい。

5 本肢は，アジア通貨危機が発生したのが1997年であること，またはアジア通貨危機の震源地が［Ⓕ　　　　］であることを押さえていれば容易に誤りと判断できる。

□ 2008年のリーマン・ショックが引き金となり発生した世界金融危機の影響により，わが国はマイナス成長に陥った。

Ⓐ：中曽根，Ⓑ：クリントン，Ⓒ：2008，Ⓓ：マーストリヒト，Ⓔ：ギリシャ，Ⓕ：タイ

地域経済統合

地域経済統合に関する記述として，妥当なのはどれか。

平成26年度
地方上級

1 APEC（アジア太平洋経済協力）は，ロシアを含む太平洋を取り囲む国と地域の経済協力の枠組みのことで，オーストラリアの提唱により発足した。

2 ~~EPA（経済連携協定）~~ FTA（自由貿易協定）は，特定の国や地域の間で，物品の関税やサービス貿易の障壁等の削減・撤廃を目的とする協定のことで，2013年，~~日本はシンガポールとのEPA交渉を再開した~~ 日本，中国及び韓国と間でFTA交渉が開催された。

3 ~~FTA（自由貿易協定）~~ EPA（経済連携協定）は，貿易の自由化に加え，投資，人の移動や知的財産の保護等を含む幅広い経済関係の強化を目的とする協定のことで，~~日本，中国及び韓国は，3か国間でFTAを締結している~~ ➔交渉中である。

4 NAFTA（北米自由貿易協定）は，アメリカ及びカナダ~~の2か国間~~ 及びメキシコの3か国間の自由貿易協定のことで，関税の撤廃や~~労働力移動の自由化~~等を目指している。
労働力移動の自由化は含まれない

5 TPP（環太平洋パートナーシップ）協定は，ASEAN（東南アジア諸国連合）全加盟国が~~参加している~~ 参加していない包括的な自由貿易協定のことで，関税の撤廃やサービスの自由化等を目指している。

1 正しい。ＡＰＥＣは，アジア太平洋地域の持続可能な発展を目的として，現在では，アジア太平洋の［Ⓐ　　　　］が参加する経済協力の枠組みである。1989年11月には，オーストラリアのキャンベラで第一回閣僚会議が開かれた。

2 ＦＴＡは，モノやサービスの［Ⓑ　　　　］を目的とする協定であり，2013年３月には，韓国のソウルにおいて，日本・中国・韓国ＦＴＡ（自由貿易協定）交渉の第１回会合が開催された。なお，わが国は，2002年，シンガポールとの間で初のＥＰＡを締結している

3 わが国では当初から，より幅広い分野を含むＥＰＡを推進してきており，2019年12月現在，［Ⓒ　　　　］との間で発効済・署名済である。

4 ＮＡＦＴＡは，アメリカ，カナダ，メキシコの３か国間で相互に市場を開放するために結ばれたＦＴＡ（自由貿易協定）であり，各国間の関税の撤廃，金融・投資の自由化，［Ⓓ　　　　］の保護などを取り決めている。

5 ＴＰＰは，日本を含む［Ⓔ　　　　］で，アジア太平洋地域における高い水準の自由化を目標に，非関税分野や新しい分野を含む包括的協定として交渉が行われたが，ＡＳＥＡＮ加盟国のうち，インドネシアやタイなどは参加していない。

Point

- □ ＮＡＦＴＡは，ＥＵと異なり通貨統合，政治統合は行わない。
- □ ＮＡＦＴＡの締約国は，アメリカ・カナダ・メキシコである。

Ⓐ：21か国・地域，Ⓑ：自由貿易化，Ⓒ：18か国・地域，Ⓓ：知的所有権，Ⓔ：11か国

外国為替と為替相場

外国為替と為替相場に関する記述として，妥当なものはどれか。

平成24年度
警察官

1 外貨を売買する市場である外国為替市場は，インターバンク市場と顧客市場から成り立ち，為替レートは取引量が多い~~顧客市場~~で決まる。
インターバンク市場

2 円相場が上昇すれば，輸出品の外貨での価格が上昇して輸出が減る一方，輸入品の円での価格は安くなって輸入が増える。その結果，国内物価には~~引き上げ~~の作用が働く。
引き下げ

3 国際間で資金移動がおこなわれる場合，金利を上昇させると高金利の通貨の~~供給~~が高まって為替相場が~~下がり~~，金利を低下させると為替相場は~~上がる~~。
需要
上がり
下がる

4 変動相場制の下での為替相場は，長期的には経常収支などの経済の基礎的な条件によって影響を受け，短期的には通貨当局の外国為替市場における介入などの影響を受けやすい。

5 金融市場のグローバル化が進み，為替相場の変動による差益を求めておこなわれる投資が巨額に及んでいることが，為替相場~~の安定をもたらしている~~。
を不安定にしている

難易度 ★ 重要度 ★★★

1 外国為替市場は［Ⓐ　　　　］と［Ⓑ　　　　］から成り，このうち［Ⓐ　　　　］は銀行間で取引が行われる市場のことである。最低取引単位は100万ドルで多くの金額が取引されるため，この市場でのレートが為替レートになる。［Ⓑ　　　　］は顧客が銀行と行う取引のことで，［Ⓐ　　　　］での為替レートをもとに，銀行側の利益を上乗せする形で決められている。

2 為替市場で，1ドル80円が1ドル75円になるような変化が，円相場の上昇（［Ⓒ　　　　］）で，逆の変化が円相場の下落（［Ⓓ　　　　］）である。この場合，たとえば円建てで12000円の商品が，ドル建てでは150ドルから160ドルに変わり，値上がりするため需要が減少する。一方，ドル建てで100ドルの商品が円建てでは8000円から7500円に値下がりするため需要は増える。この結果，他の要因がなければ，輸入品の価格の下落に対抗するため，類似の国産品の価格も下落するので一般的には国内物価は下落する。

3 為替相場の変動にはさまざまな要因があるが，一般に，ある通貨の金利が上がると高金利による利益を得るために，他の通貨を売ってその通貨を買う動きが活発になる。したがって，その通貨の為替相場は上昇する。一方，金利が下がれば，その通貨は売られ，為替相場は下落する。

4 正しい。通貨は，発行する国の経済状況によって変動する。経済成長率，物価上昇率，失業率，経常収支など経済の基礎的条件（［Ⓔ　　　　］）が経済状況の指標となり，これらが良好であれば長期的には相場は上昇する。また，通貨当局が為替相場の安定化や国内産業保護のための自国通貨の切下げを目論んで，為替市場に大量の売買注文を出すことがある。短期的には，こうした市場介入が為替変動の大きな要因となる。

5 インターネットの普及により取引市場への参加が容易になったため，投機的に短期の売買を繰り返して利益を得ようとする投資家や投資組合が出現してきた。こうした取引は経済の基礎的条件を反映していないことが多く，為替相場の不自然な変動を引き起こしている。

Point

□ 外国為替市場にはインターバンク市場と顧客市場があり，為替レートは前者によって決まる。

□ 為替相場の変動にはさまざまな要因があり，本来は経済の基礎的条件（ファンダメンタルズ）が反映されるが，実際には，投機的な売買が相場を不安定にしている。

Ⓐ：インターバンク市場，Ⓑ：顧客市場，Ⓒ：円高，Ⓓ：円安，Ⓔ：ファンダメンタルズ

経済054

日本の2000年以降の経済・財政

わが国の2000年以降の経済・財政事情に関する記述として最も妥当なのはどれか。

令和元年度
国家一般職

1 わが国では，人口が2005年に戦後初めて減少に転じた。一方で，完全失業率は，2008年のリーマン・ショック後に~~高度経済成長期以降初めて7％を超えた~~。
5.5％に達した
また，派遣労働者を含む非正規雇用者の全雇用者に占める割合は一貫して増加しており，2016年には~~50％を超えた~~。
4割近くに達した

2 中小企業基本法によると，中小企業の定義は業種によって異なるが，小売業では，常時使用する従業員の数が50人以下の企業は中小企業に分類される。2014年には，わが国の中小企業は，企業数では全企業の90％以上を，従業員数では全企業の従業員数の50％以上を占めている。

3 国内で一定期間内に新たに生み出された価値の合計額をGDPといい，GNP~~に市場で取引されない余暇や家事労働などを反映させた~~ものである。また，経済
から海外からの純要素所得を差し引いた
成長率は一般に，GDPの~~名目~~成長率で表され，2010年以降におけるGDPの
実質
~~名目成長率は2％台~~で推移している。
実質成長率は2％を下回る水準

4 わが国では，国民皆保険・国民皆年金が実現しており，2015年度には国民所得に対する租税・社会保障負担の割合は~~50％を超え~~，OECD諸国内でも~~最も高い~~水準にある。また，わが国の歳出に占める社会保障関係費の割合も年々高
40％台と　低い
まっており，2015年度には~~50％を超えた~~。
約3分の1を占める

5 わが国では，財政法により，~~社会保障費~~などを賄う~~特例国債（赤字国債）~~を除
公共事業費　建設国債
き，原則として国債の発行が禁止されている。わが国の歳入に占める国債発行額の割合は一貫して高まっており，政府長期債務残高は2017年度には対GDP比で~~3倍を超えた~~。
2倍の規模に達した

1 わが国の完全失業率は，2002～03年およびリーマン・ショック後の2009年に記録した5.5%が過去最高値である。また，非正規雇用者の全雇用者に占める割合が増加傾向にあるのは事実だが，4割弱の水準であり，50%を超えたことはない。なお，労働関係の問題では，1人あたりの求職者に対して，どれだけの求人数があるのかを示す［Ⓐ　　　　］についても，2015年以降，全国47都道府県すべてにおいて1倍を超えている事実を押さえておこう。

2 正しい。わが国の中小企業は，企業数では全企業の99.7%，従業員者数では全体の約70%（いずれも2016年），さらに付加価値額では全体の約53%（2015年）を占めており，日本経済の基盤を支えている。

3 GDP（国内総生産）は一定期間に国内で生み出された付加価値の合計を表すのに対し，GNP（国民総生産。現在では［Ⓑ　　　　］と表記されるのが一般的）は一定期間に国民が生み出した付加価値を表す。GDPとGNPの関係は，次の式で表される。

GNP=GDP＋［Ⓒ　　　　］

4 わが国の［Ⓓ　　　　］（国民所得に対する租税・社会保障負担の割合）は2019年時点で44.4%とOECD諸国内でも低い水準にある。また，わが国の歳出に占める社会保障関係費の割合も年々高まっているとはいえ，2020年度においても3分の1程度の水準であり50%を超えてはいない。

5 財政法4条に明記されているように，わが国では，［Ⓔ　　　　］以外の発行は禁止されている。ただし，歳入不足が見込まれる場合は，単年度立法に基づき［Ⓕ　　　　］の発行が認められている。また，わが国の政府長期債務残高は年々高まっているものの，対GDP比で2倍程度であり3倍を超える水準にはない。

Point

□ わが国の国民負担率はOECD諸国内でも低い水準にあり，給付と負担のバランスが不均衡の状態に陥っているといえる。

□ 国債発行の原則としては，本問で登場した建設国債の原則（財政法4条）のほか，中央銀行引受けによる国債発行を禁止する市中消化の原則（財政法5条）も頻出である。

Ⓐ：有効求人倍率，Ⓑ：GNI（国民総所得），Ⓒ：海外からの純要素所得，Ⓓ：国民負担率，Ⓔ：建設国債，Ⓕ：特例国債（赤字国債）

貿易に関する国際機関や協定

貿易に係る国際機関や協定等に関する記述として最も妥当なのはどれか。

1 ~~経済協力開発機構（OECD）~~は，1995年に設立された，開発途上国や先進国
世界貿易機関（WTO）
にかかわらず，150以上の国と地域が加盟する国際機関であり，加盟している国・地域間で，自由にモノやサービスの貿易ができるようにするためのルールを定めている。

2 ~~世界貿易機関（WTO）~~は，1961年に設立された，ヨーロッパを中心に我が国
経済協力開発機構（OECD）
を含めた30か国以上の先進国が加盟する国際機関であり，加盟国経済の安定成長，国際貿易の安定的発展，開発途上国への援助促進などを目的としている。

3 アジア太平洋経済協力（APEC）は，~~1967~~年に成立した，~~アジアの11~~の国・
1989　アジア太平洋地域の21
地域間における，貿易と投資の自由化，経済・技術協力等を基本理念とした経済協力の枠組みであり，米国も~~オブザーバー~~として参加している。
メンバー

4 経済連携協定（EPA）とは，国・地域間での輸出入に係る関税の撤廃・削減，サービス業を行う際の規制の緩和･撤廃等を含んだ，包括的な国際協定であり，2014年末現在，我が国と同協定を締結した国の例として，シンガポール，マレーシアが挙げられる。

5 環太平洋パートナーシップ（TPP）協定は，農林水産物，工業製品などのモノの貿易~~に特化し，~~各国の貿易の自由化やルール作りをする国際協定であり，
のみならず，知的財産，金融サービスなど幅広い分野で
我が国を含めた環太平洋の~~30か国以上~~の国々が交渉に参加し，2018年3月に署名された。
11

難易度 ★★★ 重要度 ★★★

1 世界貿易機関（WTO）に関する記述である。自由貿易促進を目的として1948年にGATT（関税及び貿易に関する一般協定）体制が発足した。そのウルグアイ・ラウンド交渉の妥結の際，新しい貿易体制の確立に向けWTOの設立が合意され1995年に設立された。

2 経済協力開発機構（OECD）に関する記述である。アメリカによる欧州復興支援（マーシャル・プラン）の受入れ機関として1948年に設立された欧州経済協力機構は，欧州復興に伴い発展的に改組され，1961年にアメリカ・カナダを加えた，OECDが設立された。2021年現在38か国が加盟している。

3 1989年，[Ⓐ　　　　] がアジア太平洋地域の経済協力会合の創設を提唱した。これを受けて同年第1回APEC閣僚会議が開かれ，日本，オーストラリア，アメリカ，カナダ，韓国，ニュージーランド，東南アジア諸国連合（ASEAN）6か国の12か国で発足した。

4 正しい。[Ⓑ　　　　]（EPA）は，貿易の自由化（物品の関税やサービス貿易の障壁等の削減・撤廃）を目的とする [Ⓒ　　　　]（FTA）の要素に加えて，投資や人の移動など幅広い経済関係の強化を目的とする。日本はシンガポールとのEPAを2002年に発効させて以後，多くの国・地域と交渉を進めている（2021年1月時点で21か国・地域との間で発効済・署名済）。

5 TPP交渉は，2010年にシンガポール，ニュージーランド，チリ，ブルネイのP4協定（環太平洋戦略的経済連携協定）4か国にアメリカ，オーストラリア，ペルー，ベトナムを加えた8か国で開始された。日本は2013年より交渉に参加した。2017年1月のアメリカの離脱表明を受けて，アメリカ以外の11か国によってTPP11協定が署名された。

□ 先進国クラブと表現されることもあるOECDの組織に，途上国への援助の拡大と効率化を図る開発援助委員会（DAC）がある。

Ⓐ：オーストラリア，Ⓑ：経済連携協定，Ⓒ：自由貿易協定

財政の基本用語

財政に関する記述A～Eのうち，妥当なもののみを挙げているのはどれか。

平成28年度
国家専門職

A プライマリー・バランス（基礎的財政収支）は，国債発行額を除く税収等の歳入から，国債の利払いと償還費である国債費を除く歳出を差し引いた収支のことを意味し，財政健全化目標に用いられている指標である。

B 租税負担額の国民所得に対する比率を~~国民負担率~~（租税負担率）と呼び，租税負担額と社会保障負担額（公的年金や公的医療保険にかかる支払保険料）の合計の国民所得に対する比率を~~「潜在的な国民負担率」~~（国民負担率）と呼ぶ。

C 財政には，政府が公共財を供給する資源配分機能，所得税に対する累進課税制度等によって所得格差を是正する所得再分配機能，税制や財政支出を用いて景気変動を小さくする景気調整機能の三つの機能がある。

D 我が国の租税を課税ベースから分類した場合，所得課税，消費課税，資産課税等に分類できる。このうち所得課税の例としては，国税においては所得税，法人税，~~相続税~~等が挙げられ，地方税においては住民税，~~印紙税，酒税~~（事業税）等が挙げられる。

E 我が国が発行する公債である国債については，主として，公共事業，出資金及び貸付金の財源として発行される建設国債と，それ以外の歳出に充てられる特例国債の二つに区分され，~~いずれも財政法に基づき発行される~~。
建設国債は財政法に基づいて，
特例国債は単年度立法による法律に基づいて発行される

1…… A，C
2…… A，E
3…… B，D
4…… B，E
5…… C，D

難易度 ★☆☆ 重要度 ★★★

A 正しい。「プライマリー・バランス（基礎的財政収支）」とは，端的にいうと「国債関連の歳入・歳出を除いた財政収支」である。なお，政府は，[Ⓐ　　　　] までに国・地方の基礎的財政収支を黒字化することを目標としている。

B 国民負担率は租税負担額と社会保障負担額の合計の国民所得に対する比率である（なお，国民負担に [Ⓑ　　　　] を加えたものを潜在的な国民負担率という）。我が国の国民負担率は令和２年度見通しで 44.6%となっており，先進国の中では [Ⓒ　　　　] 水準となっている。

C 正しい。R. A. マスグレイブは，財政の機能を，①資源配分機能，②所得再分配機能，③経済安定化機能（景気調整機能）の３つに分類した（財政の３機能）。なお，経済安定化機能には，景気の動向に合わせて裁量的に財政規模を伸縮させ，総需要を補正するフィスカル・ポリシーと，累進課税制度や雇用保険制度などの財政制度を通じて景気を自動的に安定化させる [Ⓓ　　　　]（自動安定化機能）がある。

D 相続税は資産課税等に分類される。また，印紙税，酒税は [Ⓔ　　　　] であり，印紙税は資産課税等に分類され，酒税は消費課税に分類される。なお，我が国の令和２年度予算における税収構成比（国税＋地方税）は，所得課税が約 50%，消費課税が約 35%で，所得課税の割合が最も高い（なお，日本と比較して，アメリカでは所得課税の割合が高く，ヨーロッパ諸国では消費課税の割合が高い）。

E 財政法では特例国債（赤字国債）の発行が禁じられているので（建設国債の原則），特例国債を発行するには発行する年度ごとに特別の法律（単年度立法による法律）を制定する必要がある。

Point

- □ 公共財の具体例としては国防，外交，警察，消防などがある。
- □ 平成 31 年度一般会計当初予算における公債依存度は 32.2%となっている。

Ⓐ：2025 年度，Ⓑ：財政赤字，Ⓒ：低い，Ⓓ：ビルト・イン・スタビライザー，Ⓔ：国税

財政の機能

財政には，資源配分機能（市場メカニズムの補完），所得再分配機能および景気安定化機能がある。これらに関するア～オの記述のうち，妥当なものの組合せはどれか。

平成29年度
地方上級

ア 財政政策の持つ資源配分機能の例として，外部性の是正がある。たとえば，企業の生産活動において，企業自らが負担する費用が，他の経済主体も含めた社会全体の負担する費用を下回る場合には~~補助金が支給される~~。

└ 企業の生産活動により生じる費用の一部を他の経済主体が負担する「負の外部性」

課税により生産活動が抑制される

イ 国民全員が基本的な教育を受けることは，教育を受けた本人だけでなく社会全体に便益をもたらすことになるので，義務教育は資源配分機能を持つ。また，義務教育制度は，所得を将来得る機会を平等にする役割を持つため，所得再分配機能を持つ。

└ 教育による「正の外部性」

ウ 景気が悪化した際には，裁量的な財政政策により，景気の安定化が図られる。人々が所得の増加分を貯蓄に回す割合が高ければ，財政支出の増加や減税による景気刺激策効果は~~大きくなる~~。

└ 減税等による可処分所得の増加分が消費に回る割合は低くなる

小さくなる

エ 財政には，制度上，景気を自動的に安定させる機能がある。所得再分配機能が高い累進的な所得税は，消費税に比べて景気安定化機能が~~低い~~。

高い

オ 公共投資による社会資本整備に，民間の資金やノウハウを活用する取組みや公共投資の費用対効果を評価する取組みは，景気安定化機能よりも資源配分機能を果たすことをめざす施策である。

└ 公共投資の効率性を追求する取組み

1…… ア，ウ
2…… ア，エ
3…… イ，エ
4…… イ，オ
5…… ウ，オ

難易度 ★★★　重要度 ★★★

ア 企業の生産活動が公害などの負の外部性（外部不経済）を生じさせる場合，企業が負担する私的限界費用が，社会全体で負担する社会的限界費用を下回り，市場均衡における生産量は社会的に最適な生産量よりも［Ⓐ　　　　］になる。この場合，政府が企業に対して課税をし，生産量を［Ⓑ　　　　］することで最適な生産量を実現することができる（なお，補助金の支給により最適な生産量を実現することも可能ではあるが，一般的な手段とはいえない）。

イ 正しい。教育は正の外部性（外部経済）を生じ，市場メカニズムにその供給をゆだねると供給量が過小になるので，資源配分機能の一環として政府による義務教育の供給が行われている。なお，義務教育の所得再分配機能が問われるのは珍しいが，所得再分配機能の目的が［Ⓒ　　　　］であることを踏まえて判断したい。

ウ 裁量的な財政政策（フィスカル・ポリシー）では，不況期には政府支出の増加や減税による総需要の拡大を通じて景気を刺激するが，そうした財政政策の景気刺激効果は限界消費性向（＝人々が所得の増加分を消費に回す割合）が大きいほど（≒人々の財布の紐が緩いほど）大きくなる。なお，減税と同額の政府支出の増加を比較すると，その全額が需要の増加に結び付く政府支出の増加のほうが，その一部が貯蓄に回される減税よりも景気刺激効果が大きい。

エ 財政制度に組み込まれた景気を自動的に安定化させる仕組みのことを［Ⓔ　　　　］というが，「累進的な所得税」がその具体例であることを押さえていれば容易に誤りと判断できる。

オ 正しい。教科書的な内容ではないが，資源配分機能の目的が［Ⓕ　　　　］な資源配分の実現であることを踏まえて判断したい。

Point

- ☐ 政府支出の増加は，同額の減税よりも景気刺激効果が大きい。
- ☐ ビルト・イン・スタビライザーの具体例としては，歳入面では累進課税制度，歳出面では失業保険等の社会保障制度が挙げられる。

Ⓐ：過大，Ⓑ：抑制，Ⓒ：所得格差の是正，Ⓔ：ビルト・イン・スタビライザー，Ⓕ：効率的

経済058

財政の役割

財政の役割に関する記述として最も妥当なものはどれか。

令和元年度
裁判所

1 所得の再配分機能とは，~~財政支出を行って社会資本や公共サービスを提供する~~
税制度や社会保障を通じて所得格差の是正を図る
ことで，国民生活を援助し，その生活を安定させる役割のことである。

2 景気の調整機能とは，~~好況時に公共事業を増やし，歳出活動を行って好況の継続を支援する~~
税や財政支出を用いて景気変動を小さくする
役割のことである。

3 景気の自動安定化装置とは，累進課税等の制度により，好況時には所得の増加に応じ，税が増えて景気の過熱を抑え，不況時には税が減るなど，財政に組み込まれた制度により自動的に景気を安定させるはたらきのことである。

4 資源配分の調整機能とは，~~社会保障に支出~~
財政支出
を行うことで，市場だけではまかなえない資本やサービスを国民に提供~~して，所得の不平等を是正~~するという役割のことである。

5 ~~財政の役割~~
金融政策の目的
は，できるだけ好景気を長続きさせることにあるので，物価の安定を図ることは，そのために欠かせない非常に重要な経済政策といえ，その他の役割に優先して政策が行われる。

難易度 ★★★　重要度 ★★★

「財政の役割」とは，資源配分機能，所得再分配機能および景気調整機能の３つである。

1 [Ⓐ　　　　　] とは，政府が個人間の所得格差を是正するための政策であり，具体例としては，累進課税制度，社会保障制度，義務教育や低家賃住宅などへの政府支出が挙げられる。本肢の前半部分は資源配分機能の説明である。

2 景気の調整機能は [Ⓑ　　　　　] とも呼ばれ，政策によって景気を安定させることであり，具体的には，裁量的財政政策（[Ⓒ　　　　　]）と景気の自動安定化装置（[Ⓓ　　　　　]）が挙げられる。本肢は前者についてであるが，好況期には景気の過熱を抑えるために増税を，不況期には公共投資により景気の回復を促すことから，内容は誤り。

3 正しい。景気の自動安定化装置には，累進課税制度のほか，失業保険制度も挙げられる。好況期は保険料支払いによって所得の増加は抑制される一方，不況期で仕事を失った失業者は失業保険給付により，ある程度の所得が確保される。

4 [Ⓔ　　　　　] とは，効率的な資源配分を実現するために，市場での供給が不足する財の供給量を調整する機能であり，具体的には国防や外交などの公共財の供給，公害等の外部不経済の是正が挙げられる。

5 物価の安定を重視するのは，金融政策である。金融政策とは，中央銀行（わが国の場合，日本銀行）が，物価の安定を図ることを通じて国民経済の健全な発展に資するため，通貨および金融の調節を行うことを指し，具体的には，公開市場操作などの手段を用いて，長短金利の誘導や，資産の買入れ等を行っている。

Point

□ 現代の財政学を体系化したドイツの財政学者マスグレイブによると，財政の機能には，資源配分の効率性の確保（市場の失敗の是正）をめざす資源配分機能，所得分配の公平性の確保をめざす所得再分配機能，および景気の安定を図る景気調整機能の３つがあるとされる。

Ⓐ：所得再分配機能，Ⓑ：経済安定化機能，Ⓒ：フィスカル・ポリシー，Ⓓ：ビルト・イン・スタビライザー，Ⓔ：資源配分機能

わが国の租税

下図は，わが国の主な租税の種類を示した図である。空欄A～Dに当てはまる租税の種類の組合せとして，妥当なのはどれか。

平成25年度
地方上級

主な租税の種類

		直接税	間接税
国税		所得税 法人税 A （相続税）	消費税 C （酒税） （印紙税） （揮発油税）
地方税	道府県税	道府県民税 （事業税） B （自動車税） （不動産取得税）	地方消費税 D （軽油引取税）
	市町村税	市町村民税 （都市計画税）	市町村たばこ税 （入湯税）

	A	B	C	D
1……	印紙税	相続税	酒税	入湯税
2……	相続税	自動車税	酒税	軽油引取税
3……	相続税	揮発油税	印紙税	入湯税
4……	自動車税	軽油引取税	印紙税	不動産取得税
5……	自動車税	事業税	軽油引取税	都市計画税

難易度 ★★★ 重要度 ★★★

1 印紙税は国税であるが，[Ⓐ　　　　　] であり，相続税は国税である。また，入湯税は市町村税であり，間接税である。

2 正しい。

3 揮発油税は [Ⓑ　　　　　] であり，間接税である。

4 自動車税と不動産取得税は，ともに [Ⓒ　　　　　] であり，直接税である。

5 事業税と都市計画税は，ともに [Ⓓ　　　　　] であるが，事業税は道府県税であり，都市計画税は市町村税である。

Point

- □ 直接税とは，法律上の納税義務者と実際に租税を負担する者（担税者）とが一致することが予定されている租税のことである。
- □ 間接税とは，法律上の納税義務者と実際に租税を負担する者（担税者）とが一致しないことが予定されている租税のことである。
- □ 酒税と印紙税は，ともに国税であり，間接税である。
- □ 自動車重量税は国税であり，間接税である。

Ⓐ：間接税，Ⓑ：国税，Ⓒ：道府県税，Ⓓ：直接税

日本の税制

わが国の税制に関する記述として最も妥当なのはどれか。

令和２年度
国家総合職

1 租税収入における直接税と間接税の割合を直間比率という。第二次世界大戦前は~~直接税~~間接税の比重が高かったが，戦後，シャウプ勧告を受け，~~消費税の税率の引上げや所得税，法人税の税率の引下げ~~所得税の最高税率引下げと課税ベースの包括化，法人税の単一税率導入が行われ，~~間接税~~直接税の比重が高まった。なお，現在では，平成31年度一般会計当初予算における歳入でみると，間接税の比重が直接税の比重を~~上~~下回っている。

2 所得税は，個人ごとの所得に対して~~ではなく，世帯員の所得を合算した世帯所得に対して~~課税されており，所得額が高くなるほど税率が高くなる累進課税制度が採られている。この制度は，~~同程度の所得を得ている人は同程度の~~所得の高い人ほど税を負担するという，垂直的公平に資するものである。

3 法人税は，株式会社や協同組合など法人の各事業年度の所得にかかる国税であり，平成31年度一般会計当初予算における歳入でみると，所得税，消費税に次いで額が多い。納税義務は，国内の日本法人だけでなく外国法人にもある。一方，学校法人や宗教法人などのように，収益事業を除いて納税義務が免除されている法人もある。

4 間接税は，従来，特定の物品やサービスごとに課税されていたが，消費税導入の際に整理されて酒税とたばこ税を除き消費税に一本化された。消費税は，導入以来国税として徴収されてきたが，~~令和元年10月から税率が10%に引き上げられたことに伴い，10%のうち2.2%~~平成９年４月から税率が5%に引上げられたことに伴い，5%のうち1%が新たに地方消費税として地方公共団体の税収とされた。

5 地方税は，都道府県税と市町村税の二つに分類され，都道府県税は都道府県民税と~~固定資産税~~事業税，市町村税は市町村民税と~~事業税~~固定資産税が中心である。地方公共団体は予算の多くを国からの補助に依存していたため，平成17年からいわゆる「三位一体の改革」が実施され，~~その一環として市町村による地方債の発行が禁止されたことから，財政基盤の強化のために市町村合併が進んだ。~~
➔三位一体の改革は，①国庫補助負担金改革，②税源移譲，③地方交付税の見直し

解説

難易度 ★★★ 重要度 ★★★

1 [Ⓐ　　　　] を受け，戦後のわが国は所得税等の直接税中心の税制が採用された。平成元年より消費税が導入され，その後の税率引上げに伴い間接税の比重が高まりつつあるが，現在もなお，間接税の比重は直接税の比重を下回っている。ただし，令和２年度一般会計当初予算において，消費税が所得税を上回り最大の税源となった。

2 わが国では，所得金額の計算に際して，種類の異なる所得をすべて合算する [Ⓑ　　　　] に従い，高所得者ほど税負担が重くなる累進課税制度を採用している。これは，所得の高い者ほど税の負担能力も高いゆえ，納税額が大きいという [Ⓒ　　　　] の考え方に資する。

3 正しい。わが国では，法人税率が段階的に引下げられており（現在の基本税率は23.2%，実効税率（国＋地方）は29.74%），所得税，消費税に比べ法人税収は少ない。また，シャウプ勧告以来，法人は株主の集合体にすぎないとする [Ⓓ　　　　] の立場であるため，株式の受取配当に対し，法人税と所得税の二重課税の問題が生じる。

4 [Ⓔ　　　　] とは，法律上の納税義務者と税負担者（担税者）が異なる税をいい，消費税やたばこ税がその代表例である。また，地方消費税は国税である消費税と同様，消費に広く負担を求める道府県税であり，消費税が５%に引き上げられた1997年に導入された。現在は，10%の消費税のうち2.2%分が地方消費税である。

5 地方税は，徴収主体によって，[Ⓕ　　　　] と [Ⓖ　　　　] に区分される。[Ⓕ　　　　] には事業税や道府県民税などが，[Ⓖ　　　　] には，固定資産税や市町村民税などが該当する。また，小泉政権時代に実施された「三位一体の改革」には，市町村による地方債発行の禁止や市町村合併の推進は盛り込まれていない。

Point

- ☐ 税制は勉強するときりがないが，国税は主要３税（所得税，消費税，法人税）の内容と税収の推移，地方税は道府県税と市町村税の主要税目について最低限押さえておくこと。
- ☐ 直接税と間接税の違いおよびそれぞれの代表的税目は頻出分野なので，特徴を整理しておくこと。

Ⓐ：シャウプ勧告，Ⓑ：総合課税の原則，Ⓒ：垂直的公平，Ⓓ：法人擬制説，Ⓔ：間接税，Ⓕ：道府県税，Ⓖ：市町村税

日本の予算

わが国の財政に関する記述として，最も妥当なのはどれか。

平成25年度
警察官

1 予算には，公共事業や社会保障など，政府の一般行政にかかわる財政活動の予算である~~特別会計予算~~一般会計予算と，特定の事業をおこなったり，特定の資金を運用・管理するための~~一般会計予算~~特別会計予算がある。

2 予算のうち，政府関係機関予算については国会の承認を必要と~~しない~~する。

3 年度途中に予想外の状況が生じて組まれる予算を~~暫定予算~~補正予算という。

4 年度当初に予算の議決ができないときに組まれる予算を~~補正予算~~暫定予算という。

5 郵便貯金や簡易保険などが自動的に財政投融資の財源とされてきたが，2001年度からは，財政投融資に必要な資金は債券の発行などで調達することになった。

解説

難易度 ★☆☆　重要度 ★★★

1 予算とは，国の一定期間における収入および支出の見積りであり，国の予算には，一般会計予算，特別会計予算，［Ⓐ　　　　　］予算がある。

2 政府関係機関とは，特別の法律によって設立された全額政府出資の法人である（株式会社日本政策金融公庫など）。政府関係機関の予算・決算ともに，一般会計・特別会計の予算に準じて［Ⓑ　　　　　］を必要とする。

3 補正予算は，本予算作成後に生じた自然災害，経済事情の変化等の予見し難い事態に対処するため（「［Ⓒ　　　　　］」でも対応できない場合）に組まれる予算であり，本予算の内容を変更するものであるから，当然国会の議決の対象となる。

4 暫定予算は，本予算（［Ⓓ　　　　　］）が成立するまでの間，必要最小限の経費に限って，国会の議決を経る予算である。本予算が成立すれば，暫定予算は本予算に吸収される。

5 正しい。2001年度から資金運用部が廃止され，公団・公庫などの特殊法人（財政投融資機関）は自らの信用で発行する財投機関債や財政融資資金特別会計が発行する［Ⓔ　　　　　］（国債）によって調達された資金の融資を受けるという形で，資金を調達することになった。

Point

- □ 政府関係機関の予算・決算とも国の予算に準じて，国会の議決が必要である。
- □ 補正予算は，一会計年度に２回以上組まれることもある。
- □ 財政投融資は資源配分の調整機能と経済の安定化機能を果たしている。

Ⓐ：政府関係機関，Ⓑ：国会の議決，Ⓒ：予備費，Ⓓ：当初予算，Ⓔ：財投債

経済062

国債

国債に関する次の記述のうち，妥当なものはどれか。

平成25年度
地方上級

1 国債発行は増税に比べて安易にできるが，さまざまな政策に必要な予算を~~確保しづらい~~。
確保しづらいとはいえない

2 政府が国債を財源として支出を増やすと，家計の消費が大きく増加する。
➲たしかに，このような面があるが，「国債の発行が将来の増税を意味する」と理解すると消費を減らす効果も存在するから，一概に「妥当」とはいえない。

3 国債は建設国債と赤字国債があるが，将来世代に便益をもたらさずに，負担だけを残すのは~~建設国債~~である。
赤字国債

4 国債を発行しすぎると，利子や償還費がかさむため財政が硬直化する。

5 国債が発行されると，将来の増税を予測した消費者は現在の消費を~~増やす~~。
減らす

解説

難易度 ★★★ 重要度 ★★

1 国債は，国民の反対が予想される増税に比べて発行しやすく，政策に必要な予算を確保しづらいということはない。

2 政府支出の増大は［Ⓐ　　　　　］を通じて家計の消費を増加させる効果（すなわち，国民所得が増える→家計の消費が増える）をもつが，家計が「国債の発行が将来の増税を意味する」と理解すると消費を減らす効果も存在する。

3 建設国債は，道路，空港などの［Ⓑ　　　　　］の整備等のため，将来世代が便益を享受できることを念頭に，その発行が認められている国債である。これに反して，［Ⓒ　　　　　］など人件費等の支出のために発行される赤字国債は世代間の不平等をもたらす。

4 妥当である。財政の柔軟な運用ができなくなる。

5 国債が発行される時，その償還のための増税が将来になされると予測した消費者は，将来の増税に備えて現在の消費を減らす。

Point

- □ 国債の発行は，家計の消費を常に大きくするとはいえない。
- □ 赤字国債は，受益と負担という世代間の不平等をもたらす。
- □ 国債を発行しすぎると，利子や償還費がかさむため財政が硬直化する。

Ⓐ：乗数効果，Ⓑ：社会資本，Ⓒ：事務経費

政治063

日本の国債

次のA～Eのうち，我が国における国債に関する記述の組合せとして，妥当なのはどれか。

平成27年度
地方上級

A 国債には，公共事業費などの財源として発行される建設国債や，人件費など経常的支出の財源を確保するために発行される赤字国債がある。

B 財政法上，~~赤字国債~~建設国債の発行は認められているが，~~建設国債~~赤字国債の発行は原則禁止とされているため，政府は，毎年度，特例法を制定して~~建設国債~~赤字国債を発行している。

C 財政法上，国債の新規発行は，~~公募入札方式によらず，~~日本銀行が引き受けることを~~原則~~原則禁止としている。

D バブル崩壊後の不況に対し，政府が~~公共事業の拡大~~減税による景気対策を行ったため，最近では，~~建設~~赤字国債残高は~~赤字~~建設国債残高よりもはるかに大きくなっている。

E 国債残高の増加に伴い，国債の元利払いに充てられる経費である国債費が膨張し，他の施策に充てられるべき支出が圧迫されるという問題が生じている。

1…… A，B
2…… A，E
3…… B，C
4…… C，D
5…… D，E

難易度 ★★★　重要度 ★★★

A 正しい。歳入不足の場合に，国民の資産として残る道路・橋などを建設する公共事業費などの財源として，建設的・投資的目的で発行される国債が建設国債である。建設国債を発行してもなお歳入不足の場合に，公共事業費など以外の財源として発行されるものが赤字国債であり，[Ⓐ　　　　　] とも呼ばれる。

B 財政法第4条は，建設国債の発行を認める一方で，赤字国債の発行を禁止している。政府は毎年度，特別の法律（[Ⓑ　　　　　]）を制定して赤字国債を発行している。

C 財政法第5条は，国債の発行について，日本銀行の引受けを原則禁止している。これを [Ⓒ　　　　　] といい，国債発行は民間の利用可能な資金で賄われる。この発行方式の一つに公募入札方式がある。ただし，特別の事由がある場合には，国会の議決を経た金額の範囲内での日本銀行の引受けが認められている。

D 1994年度に減税が行われ，その財源として [Ⓓ　　　　　] が発行された。これにより，減少傾向にあった赤字国債残高は増加に転じ，2003年度末以降，建設国債残高を上回っている。

E 正しい。国債費は，2021（令和3）年度には一般会計歳出の22.3%を占め，社会保障関係費（33.6%）に次ぐ割合となっている。国債の元金返済や利払いのために財政が [Ⓔ　　　　　] し，時々の政策課題への柔軟な対応ができなくなるという問題点が指摘されている。

Point

□ 石油危機を契機に1975年度に発行され始めた赤字国債は，景気回復により1990年度から1993年度までは発行されなかった。

Ⓐ：特例国債，Ⓑ：特例法，Ⓒ：市中消化の原則，Ⓓ：赤字国債，Ⓔ：硬直化

ポリシー・ミックス

ポリシー・ミックスに関する記述として，妥当なのはどれか。

平成14年度
地方上級

1 国や地方公共団体が，市場を通じて民間企業によって供給することが難しい公共財を，税金をもとに供給することを~~ポリシー・ミックス~~という。
財政政策の資源配分機能

2 所得税や相続税などに累進課税制度を取り入れ，徴収した税金を生活保護や雇用保険の給付などの社会保障制度によって再分配し，所得の平等化を図ることを~~ポリシー・ミックス~~という。
財政政策の所得再分配機能

3 政府と中央銀行とが通貨量を変化させ，物価の安定，経済成長の持続，国際収支の均衡などの政策目標の達成を図ることを~~ポリシー・ミックス~~という。
金融政策

4 景気の振幅を小さくするために，不況期には国債の発行による歳出の増加や減税の実施で景気を刺激し，好況期には歳出の削減や増税で景気の過熱を抑制することを~~ポリシー・ミックス~~という。
財政政策の景気安定化機能

5 複数の政策目標を達成しながら安定した経済成長を続けるために，財政政策と金融政策や為替政策などを組み合わせて行うことをポリシー・ミックスという。

難易度 ★★★　重要度 ★★★

市場経済の下では，市場メカニズムによっては解消できない問題に対処するために，政府による経済政策が行われる。主な経済政策は[Ⓐ　　　　]と金融政策の2つであるが，このほかに為替政策などのさまざまな経済政策を組み合わせて，複数の政策目標を達成しようとすることをポリシー・ミックスという。

1 国や地方公共団体などが公共財を供給することは，財政政策の一つである。財政政策には資源配分の機能，所得再分配の機能，景気安定化の機能があるが，公共財の供給はこのうちの[Ⓑ　　　　]の機能に該当する。

2 財政政策の[Ⓒ　　　　]機能に関する記述であり，ポリシー・ミックスに関する記述ではない。

3 政府と中央銀行の金融政策に関する記述であり，ポリシー・ミックスに関する記述ではない。

4 財政政策の[Ⓓ　　　　]機能に関する記述であり，ポリシー・ミックスに関する記述ではない。

5 正しい。

Point

- □ 経済政策には財政政策，金融政策，為替政策などがあり，それらを組み合わせて複数の政策目標を達成しようとすることをポリシー・ミックスという。
- □ 財政政策は資源配分の調整，所得再分配，景気安定化をめざして行われるものである。
- □ 金融政策は，マネーサプライの調整を通じて物価を安定させることをめざして行われている。

Ⓐ：財政政策，Ⓑ：資源配分，Ⓒ：所得再分配，Ⓓ：景気安定化

経済065

日本の金融の動向

我が国の金融の動向に関する記述として，最も適当なのはどれか。

平成25年度 警察官

1 1980年代，国際業務を営む銀行の最低水準の自己資本比率を８％とする~~預金準備率規制~~が設けられた。
バーゼル合意（ＢＩＳ規制）

2 1990年代，大蔵省から金融の検査・監督機能を分離・独立させ設立された金融監督庁は，2000年に改組され金融庁となり，金融と財政の分離が完了した。

3 ~~1990~~ 1970 年代，倒産などで預金払い戻しが不可能となった金融機関にかわり，預金者に払戻しを肩代わり・保証する~~整理回収機構~~預金保険機構が設立された。

4 1990年代，~~アメリカ~~イギリスにならって「日本版金融ビッグバン」が打ち出され，更なる~~規制強化~~規制緩和を実施し金融市場を活性化させる改革が実施された。

5 2000年代，ペイオフが解禁されたが，これは1000万円までの元本~~のみ~~及び利息を保証しており，~~その利子については保護の対象外となっている~~。
➡元本と利息が保護の対象となっている。

難易度 ★★　重要度 ★★

1 預金準備率規制ではなく，バーゼル合意（ＢＩＳ規制）である。預金準備率とは，金融機関が［Ⓐ　　　　　］に預金を預ける割合のことをいう，［Ⓐ　　　　　］の金融政策の一つの手段である。

2 妥当である。

3 記述されている業務は預金保険機構（1971 年設立）の業務である。1996 年に設立された［Ⓑ　　　　　］の業務は，預金保険機構からの委託を受けた金融機能の再生等に関する業務である。

4 規制強化ではなく，規制緩和の実施である。「金融ビッグバン」は，1996 年 11 月に橋本内閣（第二次）が提唱した，金融制度改革のことをいう。［Ⓒ　　　　　］のビッグバンと区別する意味で，「日本版金融ビッグバン」ともいう。

5 金融機関が破たんした際，１金融機関１預金者当たり，元本 1000 万円までとその利息が保護の対象となっている。もっとも，無利息，要求払いなどの要件を満たす「［Ⓓ　　　　　］」は全額保護の対象となっている。

Point

- ☐ ＢＩＳ規制とは，国際業務を行う銀行の自己資本比率に関する国際統一基準のことである。
- ☐ 金融庁は，金融機関の検査・監督，金融制度に関する法律の企画・立案などを担当する，内閣府の外局である。
- ☐ 日本の金融ビッグバンは，2001 年には東京市場をニューヨークやロンドンのような国際市場にするということを目的に行われた。
- ☐ ペイオフ解禁により，金融機関が破たんした場合，普通預金の元本 1000 万円までとその利息までしか保護されない。

Ⓐ：日本銀行，Ⓑ：整理回収機構，Ⓒ：イギリス，Ⓓ：決済用預金

金融政策

金融政策に関する次の記述のうち，妥当なものはどれか。

平成19年度
警察官

1 景気が過熱しているときは金融~~緩和~~（引締め）政策をとり，不況のときは金融~~引締め~~（緩和）政策をとるのが望ましい。

2 公債発行は，金融引締めの効果を~~もつ~~（もたない）。

3 公定歩合の引上げは，貨幣供給量の減少につながる。

4 売りオペレーションは，貨幣供給量の~~増加~~（減少）につながる。

5 公債発行は，~~特定産業への資金の供給または規制~~（財源不足を補う）のために行われる~~金融政策~~（財政政策）である。

難易度 ★☆☆　重要度 ★★★

日本では，金融政策は中央銀行である日本銀行によって担われている。日本銀行法では，金融政策の理念を「物価の安定を図ることを通じて国民経済の健全な発展に資すること」としている。

物価を安定させるためには，金融市場を通じて資金の量や金利に影響を与え，通貨供給量（マネーサプライ）を調整しなければならない。そのために，金融政策には［Ⓐ　　　　］操作，公開市場操作，［Ⓑ　　　　］操作（法定準備率操作）の 3 つの手段があるとされる。

1 景気が過熱しているときには，マネーサプライが過剰になってインフレとなるおそれがあるため，金融［Ⓒ　　　　］政策をとる必要がある。不況のときには，マネーサプライが不足してデフレとなるおそれがあるため，金融［Ⓓ　　　　］政策をとる必要がある。

2 公債発行によって民間から調達された貨幣は，政府支出として民間部門に支出されるので，金融引締め効果をもっていない。

3 正しい。公定歩合を引き上げると，民間銀行は日本銀行から資金を調達しにくくなるためにマネーサプライは減少し，金融引締め効果がある。なお，金融自由化の流れの中で，公定歩合と預金金利との連動性が弱まったことから，日本銀行は 2006 年に「公定歩合」を「基準割引率・基準貸付利率」という名称に改めた。

4 売りオペレーションとは，日本銀行が保有する有価証券を民間金融機関に売却することによってマネーサプライを減少させることである。公開市場で行われる売りオペレーションと買いオペレーションをあわせて，公開市場操作という。

5 公債発行は政府の財源不足を補うために行われるものであり，金融政策ではなく財政政策に含まれる。

Point

- □ 金融政策の目的は物価を安定させることであり，日本銀行はこのために公定歩合操作，公開市場操作，支払準備率操作を行う。
- □「公定歩合」という名称は，2006 年に「基準割引率・基準貸付利率」と改称された。

Ⓐ：公定歩合，Ⓑ：支払準備率，Ⓒ：引締め，Ⓓ：緩和

日本の金融の仕組みと働き

日本の金融のしくみと働きに関する記述として，妥当なのはどれか。

令和元年度 地方上級

1 直接金融とは，余剰資金の所有者が銀行などの金融機関に預金をし，金融機関が預かった資金を家計や企業に貸し付ける方式をいう。

2 間接金融とは，余剰資金の所有者が株式市場や債券市場を通じて株式や社債を購入することによって，資金を企業に融通する方式をいう。

3 日本銀行は，短期金利に関する誘導目標値を設定し，公開市場操作を行うことにより，金融調節を実施する。

4 日本銀行が金融機関から国債を買い上げ，金融市場に資金を供給することにより金利を~~上げる~~（下げる）ことができる。

5 日本銀行は，~~好況~~（不況）の時には金融緩和政策を行い，家計・企業向けの預金・貸出金利が引き下がる金融調節を行う。

解説

難易度 ★★★　重要度 ★★★

1 本肢は［Ⓐ　　　　］についての説明である。直接金融とは，余剰資金の所有者が株式市場や債券市場を通じて株式や債券を購入することによって，資金を企業に融通する方式をいう。

2 本肢は［Ⓑ　　　　］についての説明である。間接金融とは，余剰資金の所有者が銀行などの金融機関に預金をし，金融機関が預かった資金を家計や企業に貸し付ける方式をいう。

3 正しい。日本銀行は，わが国の中央銀行として，物価の安定を図ることを通じて国民経済の健全な発展に資するため，通貨および金融の調節を行うこととされている（日本銀行法１条・２条）。また，調節に当たっては，公開市場操作（オペレーション）などの手段を用いて，長短金利の誘導や，資産の買入れ等を行っている。

4 中央銀行が金融市場で手形，国債，債券を売買することを［Ⓒ　　　　］という。金融機関から国債を買い上げ，金融市場に資金を供給する［Ⓓ　　　　］を実施すると，金利は低下する。反対に金融機関に手持ちの国債を売却することで，金融市場から資金を吸い上げる［Ⓔ　　　　］を実施すると，金利は上昇する。

5 ［Ⓕ　　　　］とは，不況期に景気を上向かせるために行われる金融政策のことをいう。金利が下がると，金融機関は，低い金利で資金を調達できるので，企業や個人への貸出においても金利を引き下げることができる。こうして，経済活動がより活発となり，それが景気を上向かせる方向に作用するとともに物価も上昇に転じていくこととなる。

Point

- □ 中央銀行が行う代表的な金融政策手段である公開市場操作は，「売りオペ」と「買いオペ」に分けられる。
- □ 日本銀行は2016年９月以降，従来の「量的・質的金融緩和」，「マイナス金利付き量的・質的金融緩和」を強化する形で，新たな金融緩和の枠組みである「長短金利操作付き量的・質的金融緩和」を導入しているが，こうした一連の金融政策はまとめて「非伝統的金融政策」と呼ばれている。

Ⓐ：間接金融，Ⓑ：直接金融，Ⓒ：公開市場操作，Ⓓ：買いオペ，Ⓔ：売りオペ，Ⓕ：金融緩和政策

金融の基本用語

金融に関する記述として，最も妥当なのはどれか。

平成28年度
警察官

1 当座預金とは，小切手あるいは手形により，いつでも支払いが行われる預金のことをいう。

2 直接金融とは，企業や政府が必要な資金を，~~金融機関からの借入れ~~（株式や債券の発行）で調達する方法をいう。

3 ~~マネーサプライ~~（公開市場操作）とは，中央銀行が市中銀行などの民間金融機関との間で手形や債券などの有価証券を売買することにより，通貨供給量を調節し，景気の調整や物価を安定させる政策をいう。

4 ~~金融緩和~~（金融引締め）とは，景気過熱時に通貨供給量を減らすことをいい，これにより在庫投資・設備投資や，消費需要は抑制され，景気が抑制される。

5 ~~管理通貨制度~~（金本位制度）とは，通貨の発行量を政府と中央銀行の管理下におく通貨制度をいい，金の価値によって通貨の価値を安定させる制度である。

難易度 ★ 重要度 ★★

1 正しい。ただし，公務員試験で問われることはまれな知識なので，無理に覚える必要はない（本問についても，他の選択肢では全て基本事項が問われているので「消去法」で対応すればよい）。

2 金融（企業等の資金調達方法）には直接金融と間接金融があるが，直接金融の具体例としては株式・社債の発行などが，間接金融の具体例としては銀行からの借入れなどがある。

3 マネーストック（マネーサプライ，通貨供給量）とは，民間非金融部門が保有する通貨（現金通貨および［Ⓐ　　　　］）の総量である。中央銀行がこのマネーストックを調節し，景気の調整や物価の安定を図る政策を金融政策というが，この金融政策の手段としては公定歩合操作，公開市場操作，預金準備率操作などがある。このうち日本銀行の中心的な金融政策の手段は［Ⓑ　　　　］である。

4 金融政策では，一般に，不況時（≒デフレ時）にはマネーストックを増やす［Ⓒ　　　　］（公定歩合の引下げ，買いオペレーション，預金準備率の引下げなど）を行うことで景気を刺激し，景気過熱時（≒インフレ時）にはマネーストックを減らす金融引締め（公定歩合の引上げ，売りオペレーション，預金準備率の引上げなど）を行うことで景気過熱を抑制する。

5 管理通貨制度とは，通貨の価値が，金や銀などの正貨ではなく国の信用で裏付けられている通貨制度であり，不換紙幣（金との交換が保証されていない紙幣）が発行され，通貨の発行量は金の保有量に制限されない。一方，金本位制度とは，通貨の価値が金で裏付けられている通貨制度であり，兌換紙幣（金との交換が保証された紙幣）が発行され，通貨の発行量が金の保有量に制限される。なお，我が国では［Ⓓ　　　　］が採用されている。

- □ 金融市場においては，資金の需要量が供給量よりも大きければ金利（利子率）が上昇し，資金の供給量が需要量よりも大きければ金利が低下する。

Ⓐ：預金通貨，Ⓑ：公開市場操作，Ⓒ：金融緩和，Ⓓ：管理通貨制度

財政政策・金融政策

財政・金融政策に関する次の記述のうち，妥当なものはどれか。

平成11年度
市役所

1 政府支出の増加は，~~マネーサプライを増やし~~有効需要を増加させるので，国民所得を増大させる。
マネーサプライには影響を与えない

2 所得税減税は，民間消費を増大させて~~マネーサプライを増やす~~ので，国民所得を増大させる。
マネーサプライには影響を与えない

3 所得税減税は，民間消費を増大させるが，~~輸出を減少させる~~ので国民所得の増大は~~ない~~。
輸出には影響を与えない
ある

4 マネーサプライを増加させると，自国の通貨の為替レートが~~高く~~なって輸出が増大するので，国民所得は増大する。
安く

5 マネーサプライを増加させると，金利は低下して民間投資が増加するので，国民所得は増大する。

難易度 ★☆☆ 重要度 ★★★

1 政府支出の増加は有効需要を創出し，[Ⓐ　　　　　] を増大させるが，マネーサプライに対しては直接的な影響を与えない。むしろ逆に，政府支出によって金利が上昇し，企業や家計が資金調達しにくくなることでマネーサプライが減少する可能性もある。これを「クラウディング・アウト（締め出し）効果」という。

2 所得税減税によって家計の可処分(かしょぶん)所得が増大し，民間消費は増大する。この結果，国民所得は増大するが，[Ⓑ　　　　　] 減税がマネーサプライに対して直接的に影響を与えることはない。

3 所得税減税が民間消費を増大させるという前半部分の記述は正しい。ただし，所得税減税と輸出の間には直接的な因果関係がない。よって，輸出の減少が国民所得の増大を減殺(げんさい)することはない。

4 なんらかの金融政策によってマネーサプライを増加させると，金利が低下する。金利が低下すれば，その国から資金が逃避していき，自国通貨の為替レートは [Ⓒ　　　　　] がる（円安になる)。円安になれば [Ⓓ　　　　　] が増大し，それに伴って国民所得も増大する。

5 正しい。マネーサプライを増加させると，金利が [Ⓔ　　　　　] する。金利が低下すれば，企業は資金調達がしやすくなり，民間投資が増加する。これによって，国民所得は増大する。

Point

- □ 公共投資などによる政府支出は有効需要を創出し，国民所得を増大させる。
- □ 政府支出や所得税減税などの財政政策は，国民所得に影響を与えるが，マネーサプライには直接的な影響を与えない。
- □ 政府支出によって金利が上昇し，民間投資が抑制されることを「クラウディング・アウト効果」という。
- □ 金融政策によってマネーサプライを増加させると金利が低下し，民間投資が増加することで国民所得を増大させる。

Ⓐ：国民所得，Ⓑ：所得税，Ⓒ：下，Ⓓ：輸出，Ⓔ：低下

経済070

財政政策・金融政策

財政・金融政策に関する記述として最も妥当なのはどれか。

平成20年度
国家Ⅰ種

1 イギリスの経済学者ケインズは，市場メカニズムによる調整の限界を指摘するとともに財政政策の~~有効性に疑問をいだき~~（有効性を主張し），~~金融政策~~（財政政策）によって完全雇用を達成しようとしたが，アメリカの経済学者フリードマンは，~~金融政策~~（財政政策）は長期的には無効であると主張して，~~財政政策~~（金融政策）を重視した。

2 不況期には政府支出を増やしてGDPを増加させようとする財政政策が実施されることが多いが，所得税や相続税を累進課税にして自動的に~~通貨供給量を減少させることによりGDPを増加させる金融政策~~（税収を変動させて景気を安定化させる財政政策）は，税制によるビルト・イン・スタビライザー機能と呼ばれている。

3 財政政策として実施された政府支出は，（乗数効果により）支出額~~と同額~~（の何倍か）のGDPの増加をもたらすが，減税は，可処分所得の増加を通じた~~乗数効果によって消費・投資~~（民間消費）を増大させるため，政府支出の場合よりGDPを増加させる効果が~~大きい~~（大きいとはいえない）。

4 経済が~~インフレ・ギャップ~~（デフレ・ギャップ）の状態にあるときは，不況で失業や投資の不足が生じており，政府支出の増加によって消費を増加させる財政政策や基準割引率および基準貸付利率（従来「公定歩合」と称されていたもの）の引下げによって投資を誘発する金融政策が効果的である。

5 財政政策として実施された政府支出の増加はGDPの増加をもたらし，貨幣需要を増大させて利子率が上昇し民間投資を減少させるため（クラウディング・アウト効果），GDPを増加させる効果が抑制される。クラウディング・アウト効果を小さくする方法として，買いオペレーションによる金融政策が実行されることもある。

難易度 ★★★　重要度 ★★

1 ケインズは，市場メカニズムによる調整を不完全なものと考え，景気回復のためには有効需要を拡大するための財政政策が必要であると主張した。1929年の世界大恐慌と1930年代の不況の時代において，ケインズの理論は大きな影響力をもち，これに基づき，アメリカはルーズベルト大統領の下で［Ⓐ　　　　　］政策を実行した。しかし1970年代以降，ケインズの理論は有効性を失ったとされ，フリードマンを中心とする［Ⓑ　　　　　］が優勢となった。フリードマンは，財政政策は短期的には有効だが長期的には無効であるとして，財政政策よりも金融政策を重視した。

2 前半部分の記述は正しいが，ビルト・イン・スタビライザー機能についての説明が誤り。［Ⓒ　　　　　］は租税負担能力に応じて課税されるしくみであるため，景気過熱期には自動的に税収が増え（増税），景気悪化時には税収が減る（減税）。これにより，累進課税は自動的に景気を安定化させる作用をもつことになる。これが税制における「ビルト・イン・スタビライザー（自動安定化装置）」である。

3 政府支出は，［Ⓓ　　　　　］によって支出額の何倍ものGDP増加をもたらすとされている。一方，所得税減税は家計の可処分所得の増加を通じて，GDPの民間消費分を増加させる。

4 後半部分の記述は正しい。ただし，不況で失業や投資の不足が生じている状態を「デフレ・ギャップ」という。「インフレ・ギャップ」はそれとは逆に，景気が過熱して供給不足が生じている状態のことである。

5 正しい。

- □ ケインズは，景気回復のためには政府支出によって有効需要を創出して，国民所得を増大させる必要があるとした。
- □ フリードマンを中心とするマネタリストは，財政政策は短期的には有効であるが長期的には無効であると主張した。
- □ 累進課税は自動的に景気を安定させる「ビルト・イン・スタビライザー」機能をもっている。

Ⓐ：ニューディール，Ⓑ：マネタリスト，Ⓒ：累進課税，Ⓓ：乗数効果

経済学における費用

経済学における費用に関する次の記述のうち，妥当なもののみをすべて挙げているのはどれか。

平成30年度
地方上級

ア 企業が他者のビルを賃貸してオフィスとして使用するのではなく，自社のビルをオフィスとして使用した場合には機会費用は~~発生しない~~。
発生する

イ ある料理人は1時間当たり30皿の料理を作ることができ，1時間当たり150枚の皿を洗うこともできる。この料理人が1皿の料理を作るときの機会費用は，皿洗い~~0.2枚分~~である。
5枚分

ウ ディナー営業のみの飲食店がランチ営業をするか否かを決める際に，ランチ営業に伴う可変費用の増加分だけを収入の増加分と比べることが合理的であり，固定費用を考慮することは合理的でない。

エ あるケーキ店では従業員の労働時間が長くなるにつれて生産量は増加するが，その増加分が小さくなるとき，この店の限界費用は生産量の増加に応じて~~減少~~する。
増加

オ 開発などの固定費用を広告収入で回収するソフトウェアを消費者へダウンロード方式で販売する場合，限界費用がゼロなので，販売価格が低くなるほど，社会的余剰は大きくなる。

1…… ア，エ
2…… ア，オ
3…… イ，ウ
4…… イ，エ
5…… ウ，オ

解説

難易度 ★★★　重要度 ★☆☆

ア ある行動を選択した場合，別の行動を選択した場合に得られたであろう利益が犠牲になっているが，この犠牲の大きさのことを［Ⓐ　　　　］という。本肢の場合，自社ビルをオフィスとして使用すると，他者に貸した場合に得られたであろう賃貸料が犠牲になることから，［Ⓐ　　　　］は発生する。

イ 1時間当たり30皿の料理を作ることができる料理人が1皿の料理を作ることをあきらめた場合，150 ÷ 30 ＝ 5〔枚〕の皿を洗うことができる。すなわち，この料理人が1皿の料理を作るときの機会費用は，皿洗い5枚分である。

ウ 正しい。生産にかかる総費用は，人件費や原材料費のように生産規模に応じて変化する［Ⓑ　　　　］と，店舗や設備など生産規模に関わらず短期的には一定である［Ⓒ　　　　］に分けられる。ディナー営業のみの飲食店がランチ営業を行うかどうか検討する際，店舗や設備に変化はないので［Ⓒ　　　　］を考慮する必要はない。

エ ［Ⓓ　　　　］とは，生産量を追加的に1単位増加させたときの総費用の増加分をさす。労働時間が長くなるにつれて生産量は増加するが，その増加分が小さくなるとき，1単位増産するために必要な追加的労働時間，すなわち［Ⓓ　　　　］が増加していることを意味する。

オ 正しい。ソフトウェアを消費者へダウンロード方式で販売した場合，限界費用はほぼゼロとなる。ゆえに，完全競争市場を前提とした場合，利潤最大化が実現するときの販売価格もほぼゼロとなり，価格低下とともに需要も拡大することから，結果，社会的余剰も大きくなる。

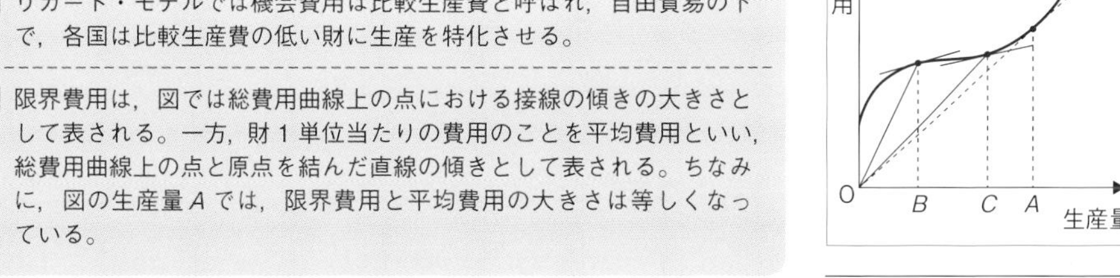

Point

- □ リカード・モデルでは機会費用は比較生産費と呼ばれ，自由貿易の下で，各国は比較生産費の低い財に生産を特化させる。
- □ 限界費用は，図では総費用曲線上の点における接線の傾きの大きさとして表される。一方，財1単位当たりの費用のことを平均費用といい，総費用曲線上の点と原点を結んだ直線の傾きとして表される。ちなみに，図の生産量 A では，限界費用と平均費用の大きさは等しくなっている。

Ⓐ：機会費用，Ⓑ：可変費用，Ⓒ：固定費用，Ⓓ：限界費用

経済072

無差別曲線

次の図の無差別曲線に関する記述のうち，妥当なものはどれか。

平成12年度
警察官

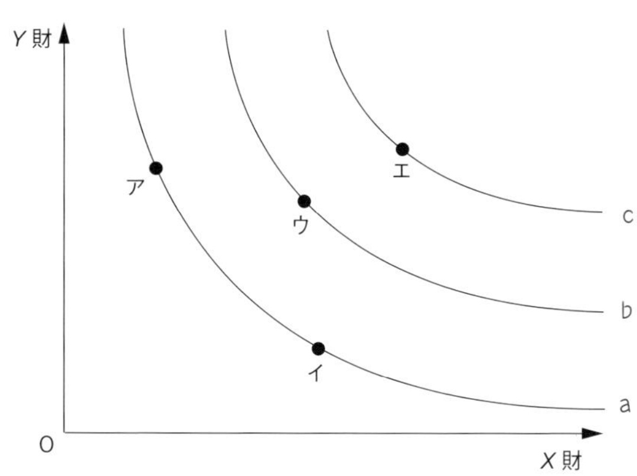

1 無差別曲線上の~~ア，イ，ウの効用は等しくなっている~~。
アとイの効用は等しいが，ウは等しくない

2 アのほうがウよりも効用は~~大きく~~なっている。
小さく

3 イのほうがウよりも効用は~~大きく~~なっている。
小さく

4 イのほうがエよりも効用は~~大きく~~なっている。
小さく

5 エのほうがウよりも効用は大きくなっている。

無差別曲線は，消費者にある一定の効用（満足度）をもたらす２財の消費量の組合せを表す曲線のことである。「無差別（indifferent）」とは，同じ無差別曲線上の点はすべて［Ⓐ　　　　　］が等しい（差別が無い）という意味である。

たとえば，問題の無差別曲線 a 上の点アと点イについて見ると，点アは X 財の量が少なく Y 財の量が多い。これに対して，点イは X 財の量が多く Y 財の量が少ない。しかし，この同一曲線上の２点における消費者の効用は同じ（無差別）である。

また，ある消費者の無差別曲線は，互いに［Ⓑ　　　　　］ことがない。問題の曲線３本も交差していないことを確認しよう。そして，無差別曲線は原点から離れるほど効用が大きくなる。無差別曲線 a，b，c の中では c が最も原点から離れていて，効用が［Ⓒ　　　　　］い。無差別曲線 c 上の点エは，無差別曲線 a 上の点アと比較した場合，X 財の量も Y 財の量も多いことから，効用も大きいことがわかる。

1 同じ無差別曲線上の点アと点イの効用は等しい。ただし，原点からより離れている無差別曲線 b 上の点ウは，無差別曲線 a 上の点ア・点イよりも効用が大きい。

2 原点からより離れている無差別曲線 b 上の点ウは，無差別曲線 a 上の点アよりも効用が大きい。

3 原点からより離れている無差別曲線 b 上の点ウは，無差別曲線 a 上の点イよりも効用が大きい。

4 原点からより離れている無差別曲線 c 上の点エは，無差別曲線 a 上の点イよりも効用が大きい。

5 正しい。原点からより離れている無差別曲線 c 上の点エは，無差別曲線 b 上の点ウよりも効用が大きい。

Point

- □ 無差別曲線とは，ある消費者に一定の効用をもたらす２財の組合せを表している。
- □ 複数の無差別曲線を比べたとき，原点から離れている無差別曲線ほど効用が大きい。

Ⓐ：効用，Ⓑ：交わる，Ⓒ：大き

経済073

予算制約線

図は，ある個人がX，Y財の２財を消費するときの予算線を表している。このとき，予算線の説明として妥当なものはどれか。

平成18年度
市役所

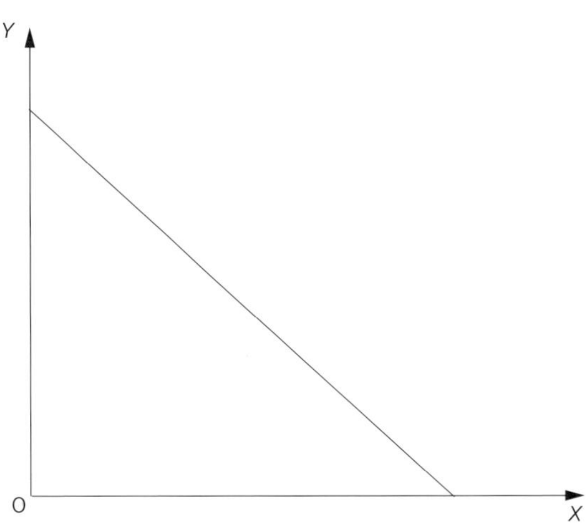

1 ~~予算線の右上~~の点は購入可能である。
予算線上

2 X財の価格が低下するとき，~~予算線は右上方に平行移動する~~。
予算線の傾きが小さくなる

3 X財の価格が上昇するとき，予算線の傾き（絶対値）が~~小さく~~なる。
大きく

4 Y財の価格が上昇するとき，予算線の傾き（絶対値）が~~大きく~~なる。
小さく

5 所得が増加するとき，予算線は右上方に平行移動する。

難易度 ★★ 重要度 ★★★

消費者は，限られた予算の範囲内で，できるだけ高い［Ⓐ　　　　］を享受できるように行動する（効用最大化行動）。予算（制約）線は，消費者が限られた予算内で購入できる最大の X 財と Y 財の組合せを表している。図1において予算線上の点aは，X 財を X_2，Y 財を Y_1 だけ購入できる，という意味である。同じく，点bは X 財を X_1，Y 財を Y_2 だけ購入できることを意味している。同一の予算線上の点は，すべて［Ⓑ　　　　］予算の大きさである。

予算線は，所得が増加すると，X 財，Y 財ともに最大購入可能な量が増加するため，右上へ移動する。逆に所得が減少すると，X 財，Y 財ともに購入可能な量が減少するため，予算線は左下へ移動する（図2を参照）。

また，X 財の価格が上昇すると，X 財の最大購入可能な量だけが減少するため，予算線の傾きが［Ⓒ　　　　］なる（図3を参照）。逆に Y 財の価格が上昇すると，Y 財の最大購入可能な量だけが減少するため，予算線の傾きは［Ⓓ　　　　］なる（図4を参照）。

1 最大購入可能な量は，予算線の「右上」ではなく「予算線上」の点である。

2 X 財の価格が下落すると，予算線の傾きは小さくなる。

3 X 財の価格が上昇すると，予算線の傾きは大きくなる。

4 Y 財の価格が上昇すると，予算線の傾きは小さくなる。

5 正しい。逆に所得が減少すると，予算線は左下へ移動する。

図1

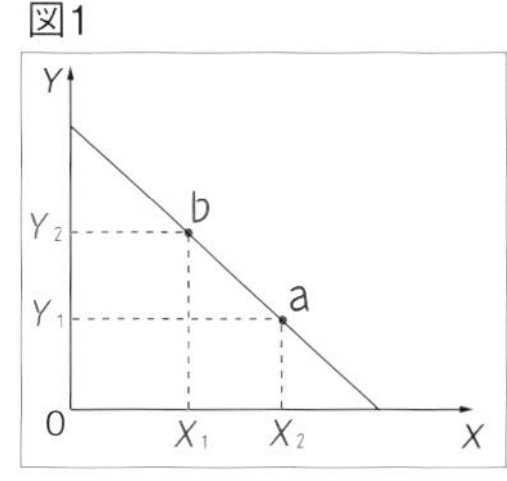

図2

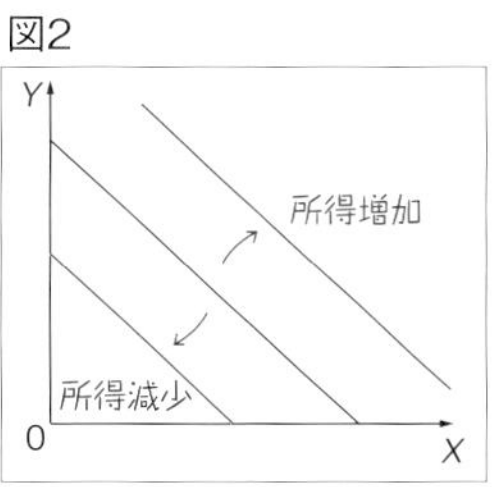

図3

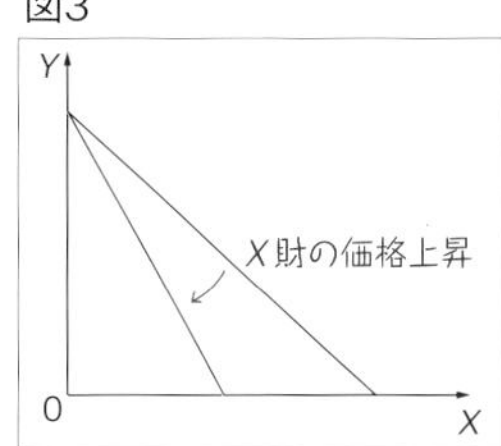

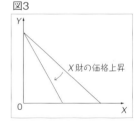

図4

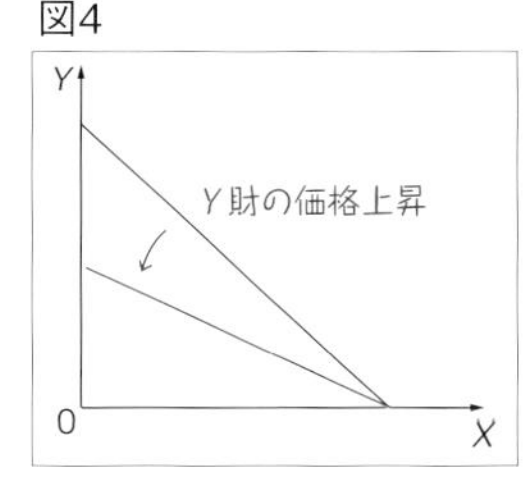

Point

☐ 予算（制約）線は，消費者が最大購買可能な2財の組合せを表している。

☐ 同一の予算線上の点は，すべて同じ予算の大きさである。

☐ 所得が増加すると予算線は右上へシフトし，所得が減少すると予算線は左下へシフトする。

Ⓐ：効用，Ⓑ：同じ，Ⓒ：大きく，Ⓓ：小さく

需要曲線

ある商品の需要曲線が以下のように示されるとき，次の記述のうち，妥当なものはどれか。

平成17年度
市役所

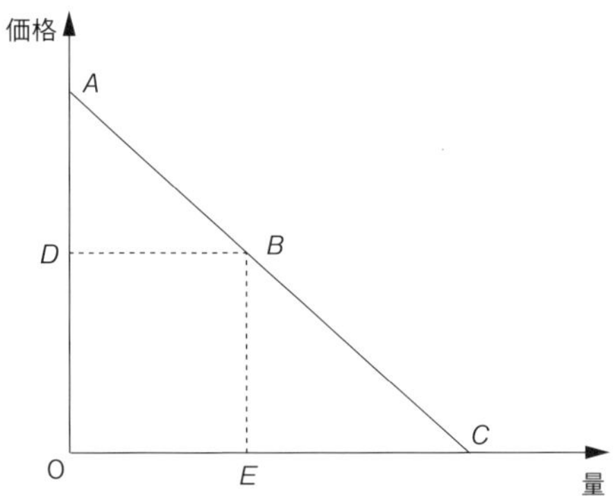

1 点 B のとき，需要の価格弾力性が大きいほど，需要曲線の傾きが~~大きく~~なる。
小さく

2 所得が増加すると，需要曲線は左シフトする。
下級財の場合には

3 生産要素費用が高くなると，~~需要曲線~~は左シフトする。
供給曲線

4 価格 D のとき，消費者余剰は△ ADB である。

5 価格 D のとき，総支出額は~~△ BCE~~である。
四角形 $BDOE$

料金受取人払郵便

新宿局承認

6643

差出有効期間
2023年9月
30日まで

郵便はがき

1 6 3-8 7 9 1

999

(受取人)
日本郵便 新宿郵便局
郵便私書箱第330号

(株)実務教育出版

愛読者係行

氏名	フリガナ
住所	□□□-□□□□
E-mail	

『公務員合格講座』総合案内書無料請求欄	通信講座「公務員合格講座」の総合案内書を無料でお送りします。ご希望の場合は、右記に○をおつけください。	

ご記入された個人情報は『公務員合格講座』総合案内書の送付、企画の参考のみに使用するもので、他の目的では使用いたしません。

■ 愛読者カード　　　　　　　　　　　　　　　　　公務員試験■

【ご購入いただいた本のタイトルをお書きください】

タイトル

【本書の感想や、気になった点があればお書きください】

【この本を購入した理由を教えてください】（複数回答可）

① 読みやすそう・使いやすそうだから　② 人にすすめられたから
③ 値段が手頃だから　④ ボリュームが丁度いいから　⑤ デザインがいいから
⑥ その他（　　　　　　　　　　　　　　　　　　　　　　）

【この本は、何でお知りになりましたか】（複数回答可）

① ウェブ・SNS（　　　　　　　　）　② 当社ホームページ　③ 書店　④ 生協
⑤ 当社の刊行物（受験ジャーナル、書籍、パンフレット）
⑥ 学校の先生から　⑦ 先輩・知人にすすめられて

【何の試験を受験されますか】

①受験される試験（　　　　　　　　　　　　　　　　　　　　　　　　　　）

②受験される職種（　　　　　　　　　　　　　）

【差し支えない範囲で結構ですので、下記の情報をご記入ください】

◇ ご職業　① 大学生　② 大学院生　③ 高校生　④ 短大・専門学校生
学校名　（　　　　　　　　　　　　　　　　　　　）　学年（　　　　　年）
⑤ 会社員　⑥ 公務員　⑦ 自営業　⑧ その他（　　　　　　）
◇ 性別　男・女　　　　　　　　　◇ 年齢（　　　　　歳）

ご協力ありがとうございました。

難易度 ★★☆　重要度 ★★★

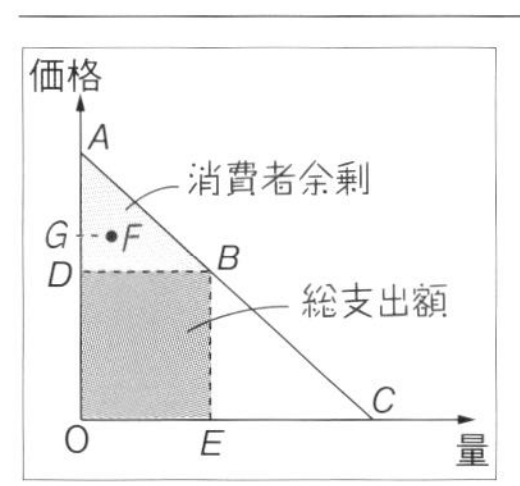

1 需要の価格弾力性とは，財の価格が1%上昇したときに需要が何%減少するかを表すものである。価格弾力性の大きい財は，価格が上昇すると需要量が大きく【Ⓐ　　　　　】する。逆に価格弾力性の小さい財は，価格が上昇しても需要量があまり変化しない。

需要曲線の傾きは 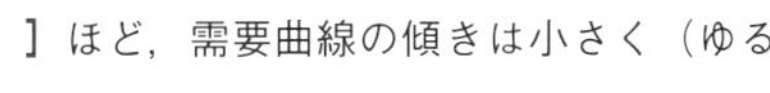 $\frac{\text{価格の変化}}{\text{需要量の変化}}$ なので，点 B において，需要の価格弾力性が【Ⓑ　　　　　】ほど，需要曲線の傾きは小さく（ゆるやかに）なる。

2 一般に，所得が増加すると財の需要量は増加するので，需要曲線は右シフトする。このような財を上級財（正常財）という。しかしまれに，所得が増加したときに財の需要量が減少するものも存在する。このような財を下級財（劣等財）といい，【Ⓒ　　　　　】の場合には，所得が増加すると需要曲線が左シフトする。

3 需要曲線ではなく，供給曲線に関する記述である。

4 正しい。消費者余剰とは，消費者が支払ってもよいと考える価格と実際の購入価格との差を表している。△ ADB 内の点 F において，消費者は G という価格でも購入する気持ちがあるにもかかわらず，D という価格で購入することができる，ということになる。

5 市場価格が D で決定したとすると，価格は OD，需要量は OE となり，総支出額は $OD \times OE$，すなわち四角形 $BDOE$ の面積に等しい。

Point

- □ 需要の価格弾力性とは，財の価格が1%上昇したときに需要がどれだけ減るかを表している。
- □ 価格弾力性が大きいほど，価格の上昇に対して需要が大きく減少する。
- □ 上級財の場合，需要曲線は所得が増加すると右にシフトする。一方，下級財の場合は左にシフトする。
- □ 消費者余剰とは，消費者が支払ってもよいと考える価格と実際の価格との差である。

Ⓐ：減少，Ⓑ：大きい，Ⓒ：下級財

経済075

需要曲線・供給曲線のシフト要因

下の図は需要曲線と供給曲線をそれぞれ表したものである。需要曲線と供給曲線のシフトに関する記述として最も妥当なのはどれか。

平成30年度
裁判所

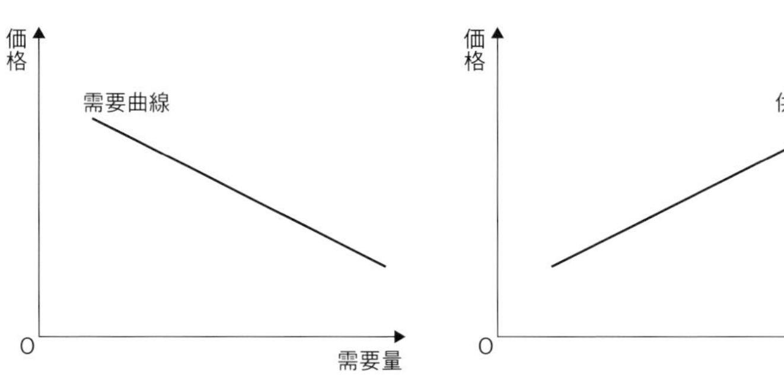

1 需要曲線が右にシフトする要因として，所得の~~減少~~（増加）が考えられる。

2 需要曲線が右にシフトする要因として，貯蓄意欲の~~増加~~（低下）が考えられる。

3 需要曲線が右にシフトする要因として，その財の代替財の価格の上昇が考えられる。

4 供給曲線が左にシフトする要因として，原材料費の~~下落~~（上昇）が考えられる。

5 供給曲線が左にシフトする要因として，賃金の~~下落~~（上昇）が考えられる。

需要曲線が右にシフトするのは需要が増加する（＝一定の価格の下での需要量が増加する）場合であり，その要因としては所得の［Ⓐ　　　　］，代替財の価格［Ⓑ　　　　］，補完財の価格［Ⓒ　　　　］などがある。

また，供給曲線が右にシフトするのは供給が増加する（＝一定の価格の下での供給量が増加する）場合であり，その要因としては技術進歩，賃金や原材料価格の［Ⓓ　　　　］などがある。

1「所得の減少」は，財・サービスの購入に充てられる予算を減少させるので，需要を減少させ，需要曲線を左にシフトさせる。

2「貯蓄意欲の増加」は，財・サービスの購入を控えさせるので，需要を減少させ，需要曲線を左にシフトさせる。

3 正しい。代替財は，牛肉にとっての豚肉のような代わりになる財であるが，代替財である豚肉の価格が上昇すると，豚肉の需要量が減少する代わりに牛肉の需要が増加するので，牛肉の需要曲線は右にシフトする。なお，補完財は，レンズにとってのフレームのような一緒に消費する財であるが，補完財であるフレームの価格が下落すると，フレームの需要量が増加するとともにレンズの需要が増加するので，レンズの需要曲線は右にシフトする。

4「原材料費の下落」は，生産コストの［Ⓔ　　　　］を通じて供給を増加させるので，供給曲線を右にシフトさせる（なお，この点は「技術進歩」や「賃金の下落」も同様である）。

5 4の解説参照。なお，「原材料費の上昇」や「賃金の上昇」は，生産コストの［Ⓕ　　　　］を通じて供給を減少させるので，供給曲線を左にシフトさせる。

- □ 需要曲線を右にシフトさせる要因としては，所得の増加，代替財の価格上昇，補完財の価格下落などがある。
- □ 供給曲線を右にシフトさせる要因としては，技術進歩，賃金や原材料価格の下落などがある。

Ⓐ：増加，Ⓑ：上昇，Ⓒ：下落，Ⓓ：下落，Ⓔ：低下，Ⓕ：上昇

経済076

総費用曲線

次の図は，ある企業の総費用曲線を描いたものである。この図の説明として妥当なものすべてを挙げた組合せはどれか。

平成27年度
地方上級

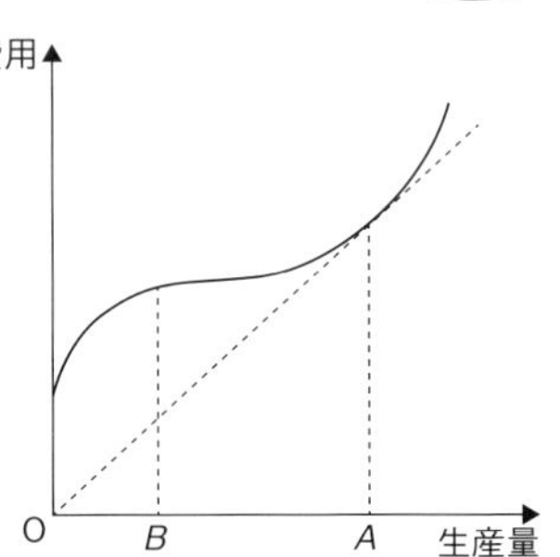

ア 総費用に占める固定費用の割合は，生産量 A のほうが生産量 B より~~大きい~~。
小さい

イ 生産量 A のとき，限界費用と平均費用は一致する。

ウ 生産量が A から B に変化すると，限界費用は~~大きくなる~~。
小さくなる

エ 生産量が A より少ないとき，生産量が大きくなると平均費用が下がり規模の経済が働くが，A より多いとき，規模の不経済が働く。

オ 生産量が A と B の間のとき，平均費用は限界費用を~~下回る~~。
上回る

1…… **ア，イ**
2…… **ア，ウ，エ**
3…… **イ，ウ，オ**
4…… **イ，エ**
5…… **ウ，エ，オ**

難易度 ★★ 重要度 ★★

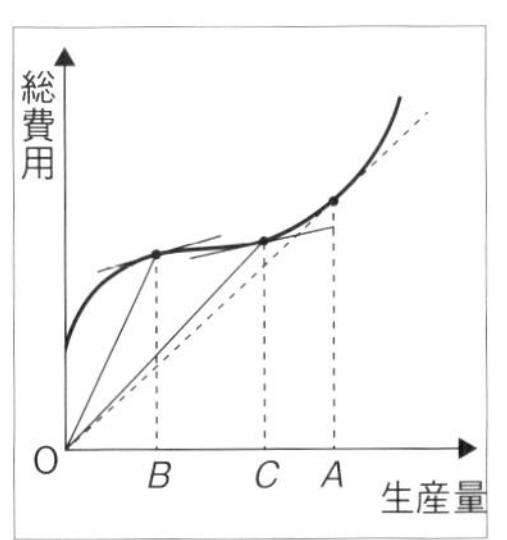

ア 固定費用は生産量に依存しない費用であり，その大きさは生産量の水準に関係なく［Ⓐ　　　　］である。したがって，生産量の増加により総費用が増加するほど，総費用に占める固定費用の割合は小さくなる。

イ 限界費用は，生産量を追加的に1単位増加させるときの費用の増分であり，総費用曲線上の点における［Ⓑ　　　　］で表され，平均費用は，生産物［Ⓒ　　　　］の費用であり，原点と総費用曲線上の点を結んだ直線の傾きで表される。生産量Aのとき，「総費用曲線上の点における接線」と「原点と総費用曲線上の点を結んだ直線」が一致するので，限界費用と平均費用が一致することになる。

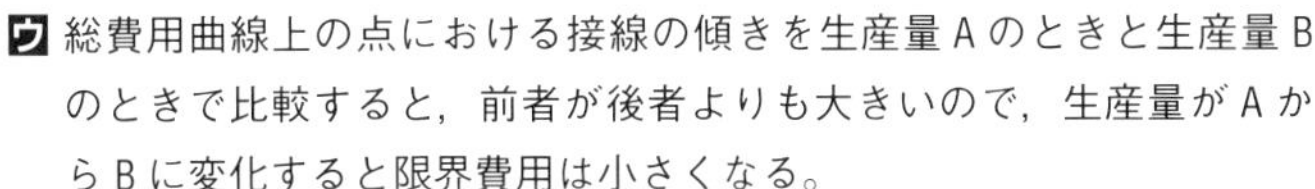

ウ 総費用曲線上の点における接線の傾きを生産量Aのときと生産量Bのときで比較すると，前者が後者よりも大きいので，生産量がAからBに変化すると限界費用は小さくなる。

エ 規模の経済が働くとは，生産量が増加するほど平均費用が［Ⓓ　　　　］することを意味するが，生産量がAより少ないとき，生産量が大きくなると原点と総費用曲線上の点を結んだ直線の傾き（＝平均費用）は小さくなるので，規模の経済が働いている。なお，生産量がAより多いときは，生産量が大きくなると原点と総費用曲線上の点を結んだ直線の傾きは大きくなるので，平均費用は増加していく（なお，このケースを規模の不経済が働くというが，直接問われることは少ないので無理に覚える必要はない）。

オ 生産量がAとBの間のとき（例えば，図のCのとき），原点と総費用曲線上の点を結んだ直線の傾きは，総費用曲線上の点における接線の傾きより大きくなるので，平均費用は限界費用を上回る（なお，生産量がAより多いときは，限界費用が平均費用を上回る）。

- □ 完全競争市場では，利潤最大化を目的とする企業は価格と限界費用が等しくなるように生産量を決定する。

Ⓐ：一定，Ⓑ：接線の傾き，Ⓒ：1単位当たり，Ⓓ：低下

市場の機能等

市場の機能等に関する記述として最も妥当なのはどれか。

平成 27 年度
国家総合職

1 市場経済では，財やサービスの取引を行う際，最初から需要量と供給量が一致することはまれであり，需要量が供給量を上回ると，価格が上昇し需要量が減少することで，需要量と供給量の一致が達成される。また，市場において，財やサービスが供給される規模~~によって価格の変化が起こるより前に，需要量と供給量が調整されていく~~（の拡大につれて平均費用が低下する）ことを「規模の経済」と呼ぶ。

2 市場は必ずしも万能ではなく，市場メカニズムがうまく働かない「市場の失敗」と呼ばれる状態が生じることがある。例えば，買手が持っていない情報を売手が持っているという「情報の非対称性」により，市場において資源の適正配分が実現されなくなることが挙げられる。

3「市場の失敗」のうち近年生じたものとして，市場の寡占化・独占化が挙げられる。~~20~~（19）世紀後半からカルテル・トラストといった独占形態が出現したため，政府が~~「デファクト・スタンダード」と呼ばれる価格の基準を設定して~~（独占禁止政策をとり），市場の寡占化・独占化が引き起こす弊害の解消を図るようになった。

4 市場取引を通して対価を受け取ることなく損失を被ることを「外部不経済」といい，対価を支払うことなく利益を受けることを「外部経済」という。また，誰もが使い，ある人が多く消費しても他の人の消費がその分減ることはないという~~非排除性~~（非競合性）を持ち，対価を支払わなくとも利用できるという~~非競合性~~（非排除性）を持つ財を「公共財」と呼ぶ。

5 ~~競争市場~~（寡占市場）では，~~一般的な~~（限界的な）企業が一定の利潤を確保できるように~~設定した価格とは別に~~（割高な価格を），プライス・リーダー（価格先導者）が管理価格~~を~~（として）設定し，企業間の価格競争が~~強まる~~（弱まる）ことがある。この場合，価格が下方に~~変化する~~（変化しない）場合が多いことから，この状態を「価格の下方硬直性」と呼ぶ。

難易度 ★★★　重要度 ★★★

1 規模の経済とは，生産規模の拡大により単位当たりの生産費用が逓減し収益性が向上することをという。また，需要量が供給量を上回る［Ⓐ　　　　］（品不足）の場合，高い価格でも売れるとの売手の見通しから価格が上昇する。価格が上昇すると買手は購入量を減らそうとするため需要量が減少し均衡取引量に近づいていく。

2 正しい。完全競争市場は，売手と買手の間で取引に関する情報にずれがなく両者が完全に理解しており，両者の取引を通じて資源の最適配分が実現されると仮定されている。情報の非対称性が存在するとき質の高低が価格に反映されず，質の良い財よりも質の悪い財が選ばれる［Ⓑ　　　　］が発生する。

3 寡占化・独占化は，自由競争の結果として19世紀後半から出現した。同じ産業の同種企業による競争回避のための協定（カルテル）や合併（トラスト）の弊害に対して，各国は［Ⓒ　　　　］の制定をはじめとする独占禁止政策をとった。また,「デファクト・スタンダード」とは，市場における競争を通じて採用された基準や規格（「事実上の標準」）であり，政府や公的機関が定めるものではない。

4 市場取引によらずに他の経済主体の行動から受ける効果を［Ⓓ　　　　］といい，有利な影響がある場合を外部経済，不利な影響がある場合を外部不経済という。また，公共財は，非競合性と非排除性をもつため，市場を通じては効率的に配分されない。

5 寡占企業の協調的市場行動により維持される管理価格は，需給関係によって変動せず下方硬直性をもつ。プライス・リーダーは，最も生産性の低い限界的な企業でも一定の利潤確保が可能な価格を基礎に管理価格を設定するため，価格は割高となる。

□ 市場の失敗の存在により市場機構による資源配分が失敗するため，政府の政策的介入が必要となる。

Ⓐ：超過需要，Ⓑ：逆選択，Ⓒ：独占禁止法，Ⓓ：外部効果

リカードの比較生産費説

A国とB国において，商品Xと商品Yの２財のみが生産されている。両財とも労働だけを用いて生産され，各財を１単位生産するのに要する労働量は表のとおりである。

平成16年度
国税専門官

２国間で労働の移動はなく，両国は共通の通貨を使用しているとき，リカードの比較生産費説による説明として，最も妥当なのはどれか。

	商品X	商品Y	国内の労働量合計
A国	x	80	100(x＋80)
B国	100	y	100(y＋100)

1 x=90，y=120のとき，商品Xに対する商品Yの労働量の比率は，A国で$\frac{8}{9}$，B国で$\frac{6}{5}$となり，A国は商品Yに比較優位があるので，A国は商品Yに，B国は商品Xに生産を特化するほうが，特化しない場合に比べて双方ともに両財の生産量の合計が大きい。

2 x = 90，y = 120のとき，~~A国に対するB国の労働量の比率~~は，商品Xで$\frac{10}{9}$，商品Yで$\frac{3}{2}$となり，A国は商品Xに比較優位があるので，A国は商品Xに，B国は商品Yに生産を特化するほうが，特化しない場合に比べて双方ともに両財の生産量の合計が大きい。
（これは比較生産費ではない）

3 x=90，y=120のとき，A国は，商品Xにおいても商品Yにおいても生産にかかる労働量はB国よりも少なく，~~絶対優位な地位にあるので~~，A国はどちらにも特化しないほうが，特化する場合に比べて両財の生産量の合計が大きい。
（絶対優位の基準ではA国がどちらに特化すべきか判断はできない）

4 x=120，y=90のとき，商品Xに対する商品Yの労働量の比率は，A国で$\frac{2}{3}$，B国で$\frac{9}{10}$となり，A国は商品Yに比較優位があるので，A国は商品Yに，B国は商品Xに生産を特化するほうが，特化しない場合に比べて~~双方ともに両財の生産量の合計が大きい~~。
（A国の商品Xの生産量，B国の商品Yの生産量は減る）

5 x=120，y=90のとき，~~A国に対するB国の労働量の比率~~は，商品Xで$\frac{5}{6}$，商品Yで$\frac{9}{8}$となり，A国は商品Xに比較優位があるので，A国は商品Xに，B国は商品Yに生産を特化するほうが，特化しない場合に比べて双方ともに両財の生産量の合計が大きい。
（これは比較生産費ではない）

難易度 ★★☆ 重要度 ★★☆

ある財のA国での生産費とB国での生産費を単純に比較して，A国の生産費のほうが少なければ，A国は［Ⓐ　　　　］優位にある。一方，ある財のほかの財に対する相対的な生産費を比較して，その比率においてA国のほうがB国よりも少ないとき，A国はその財の生産において［Ⓑ　　　　］優位にある，という。比較優位にあるA国がその財を生産し，B国はほかの財を生産し，A国とB国が財を交換（貿易）することで，世界全体の生産量は増える。リカードが説明したこの理論を，比較生産費説という。

1 正しい。x＝90，y＝120とすると，商品Xについても商品Yについても，ともにA国の生産費のほうが少ないので，A国は絶対優位にある。一方，商品Xに対する商品Yの生産費について，A国は$\frac{80}{90}=\frac{8}{9}$，B国は$\frac{120}{100}=\frac{6}{5}$である。A国のほうがB国よりも［Ⓒ　　　　］いので，A国は商品Yについて比較優位にあり，B国は商品Xについて比較優位にある，といえる。

2 比較優位は，同じ商品についてA国とB国の生産費を比べるものではない。1つの国における，異なる2つの商品の間での生産費を比べるものである。

3 A国が，商品Xについても商品Yについても絶対優位にある，という記述は正しい。ただし，1つの国が両方の財を生産することは，商品Xと商品Yの生産量全体を大きくすることにはならない。

4 x＝120，y＝90のとき，商品Xに対する商品Yの生産量について，A国は$\frac{80}{120}=\frac{2}{3}$，B国は$\frac{90}{100}=\frac{9}{10}$である。$\frac{2}{3}<\frac{9}{10}$であるから，A国は商品Yに，B国は商品Xに特化するほうが，商品Xと商品Yの生産量合計を大きくすることになる。ただし，1国ごとに見ると，A国の商品Xの生産量，D国の商品Yの生産量は小さくなる。

5 **2**の解説を参照のこと。

☐ 比較優位とは，２つの財の生産費の比率を，２つの国の間で比較するものである。

Ⓐ：絶対，Ⓑ：比較，Ⓒ：小さ

市場の失敗

市場メカニズムによる資源配分が非効率になる場合に関する用語について，正しく説明しているのはどれか。

平成21年度 地方上級

1 外部性：気候によって作物の収穫量が変化し，農業従事者が不利益を被る。
➡不確実性について述べたもの

2 公共財：インフラなど公共事業は規模も大きく予算も莫大であるため，国や地方自治体によって行われる。➡市場の失敗とは無関係

3 費用逓減（ていげん）：単一の商品を生産するより，複数種類の商品を同時に生産することで生産費用が安くなる。➡範囲の経済について述べたもの

4 モラルハザード：医療保険が充実すると，注意力が散漫になり，けが人が増える。

5 逆選択：銀行が貸出の基準を厳しくしたために，返済能力のある中小企業が~~倒産する~~。
借入できなくなる

ミクロ経済学では，市場が完全競争の状態にあれば最適な資源配分がなされる，ということが前提となっている。しかし，市場の性質によってはこれが成り立たないケースがあり，これを「市場の失敗」という。「市場の失敗」は外部性の存在，公共財の供給，モラルハザード（道徳的危険），逆選択（アドバース・セレクション）などにより生じるとされる。

1 不確実性についての記述である。[Ⓐ　　　　　　] とは，ある経済主体の行動が市場を介さずにほかの経済主体の費用に影響を与えることをいう。よい影響を及ぼすことを外部経済，悪い影響を及ぼすことを外部不経済と呼ぶ。たとえば，ある企業が海に有害物質を流すことで魚が死滅し，漁業従事者の収益が減少するようなケースは，外部不経済に当たる。

2 公共財の供給は「市場の失敗」の一つではあるが，規模や予算が大きいため公的機関によって供給されることは，「市場の失敗」とは無関係である。公共財は政府が各個人の需要量を完全に把握することができないため，虚偽の自己申告により無料で公共財を消費する [Ⓑ　　　　　　] ライド（ただ乗り）問題が生じる。これが最適な資源配分を阻害し，「市場の失敗」を招くのである。

3 範囲の経済についての記述である。[Ⓒ　　　　　　] 逓減（ていげん）とは，産業の規模が拡大するにつれて，個々の企業の長期平均費用が下がることである。

4 正しい。[Ⓓ　　　　　　] は，取引を行う経済主体間に情報の格差があることから生じる「市場の失敗」である。

5 逆選択は，消費者が商品について十分な情報を得ることができないために，結果として質の悪い商品ばかりが選択されるようになってしまうことである。選択肢の例は，銀行が貸出の基準を厳しくすることで返済能力の高い企業の借入が阻害され，返済能力の低い企業の借入が市場に残る現象のことであるが，倒産は逆選択とは無関係である。

□「市場の失敗」には外部性の存在，公共財の供給，モラルハザード，逆選択などのケースがある。

Ⓐ：外部性，Ⓑ：フリー，Ⓒ：費用，Ⓓ：モラルハザード

経済080

市場の失敗

経済学における市場の失敗に関する記述として，妥当なのはどれか。

平成 30 年度
地方上級

1 市場を通さずに他の経済主体に影響を与える外部性のうち，正の影響を与える外部経済の場合には，財の最適な供給が実現~~するが~~せず，負の影響を与える外部不経済の場合~~には~~にも，財の最適な供給が実現しない。

2 公共財とは，複数の人が不利益なしで同時に利用でき，料金を支払わない人の消費を防ぐことができない財のことをいい，利益が出にくいため，市場では供給されにくい。

3 情報の非対称性とは，~~市場において虚偽の情報が流通することによって，取引の当事者どうしが，当該情報を正しいものとして認識し合っている~~経済主体間で保有している情報に格差がある状態のことをいう。

4 寡占・独占市場においては，企業が少数であることから，十分な競争が行われないため，消費者にとって不利益に~~なるが~~なり，社会全体の資源配分に対する効率性~~は失われない~~が失われる。

5 寡占・独占企業が市場の支配力を用いて価格を釣り上げないように行われるのが独占禁止政策であり，日本ではこれを実施する機関として~~消費者庁~~公正取引委員会が設けられ，カルテルなどの行動に対して罰金支払命令等の措置をとることができる。

難易度 ★★ 重要度 ★★

1 市場を通さずに他の経済主体に影響を与える外部性(外部効果)には,他の経済主体に与える影響が悪影響である外部不経済,好影響である外部経済があるが,いずれも市場の失敗の原因となり,市場メカニズムを通じた資源配分が最適な資源配分とならない(公害などの外部不経済の場合には供給量が[Ⓐ　　　]となり,教育などの外部経済の場合には供給量が[Ⓑ　　　]となる)。

2 正しい。警察,消防などの公共財は,ある人の消費が他の人の消費を妨げない消費の[Ⓒ　　　]と,対価を支払わない者の消費を排除できない消費の[Ⓓ　　　]を備えた財であり,その供給を市場メカニズムにゆだねると「フリーライダー(ただ乗り)問題」が発生し,十分な量が供給されないので,政府による供給が必要となる。

3 情報の非対称性により生じる問題としては,医療保険に加入することで,保険加入者が健康維持の努力を怠るようになるなどの[Ⓔ　　　]や,市場で高品質な財の取引が阻害され,低品質な財が多く出回る[Ⓕ　　　]などがある。

4 完全競争市場では,価格の自動調節機能により効率的な資源配分が実現するが,寡占・独占市場では,価格の自動調節機能が十分に機能せず,効率的な資源配分は実現しない(価格は完全競争市場のケースよりも高くなるので,消費者にとって不利益になる)。

5 カルテルとは,同一産業内の複数の企業が,利潤を確保するために価格や生産量などについて協定を結ぶことであるが,わが国では独占禁止法で禁止されている(なお,公正取引委員会の設立と独占禁止法の施行は1947年,消費者庁の設立は2009年である)。

- [ ] ある企業の生産活動が公害などの外部不経済を生じさせる場合には,市場均衡における供給量は最適な供給量よりも過大になる。

- [ ] 警察,消防などの公共財は,消費の非競合性と消費の非排除性を備えた財であり,市場メカニズムに供給をゆだねても最適な供給量は実現しない。

Ⓐ:過大,Ⓑ:過小,Ⓒ:非競合性,Ⓓ:非排除性,Ⓔ:道徳的危険,Ⓕ:逆選択

景気変動

景気変動に関する記述として，最も妥当なのはどれか。

令和３年度
警察官

1 景気循環の過程を四つの局面に分けると，一般に好況，後退，不況，~~恐慌~~（回復）となる。

2 キチンの波は，~~設備~~（在庫）投資の変動に起因する契機循環であり，周期は約 40 か月である。

3 コンドラチェフの波は，技術革新に起因する景気循環であり，周期は約 50 年である。

4 クズネッツの波は，~~在庫~~（建設）投資の変動に起因する景気循環であり，周期は約 20 年である。

5 ジュグラーの波は，~~建設需要~~（設備投資の変動）に起因する景気循環であり，周期は約 10 年である。

1 景気循環の過程を四つの局面に分けると，一般に好況，後退，不況，回復となる。また，景気が上昇から下降へと転換する点を景気の山，下降から上昇へと転換する点を景気の谷といい，景気の谷から山までを拡張期，山から谷までを後退期と呼ぶ。

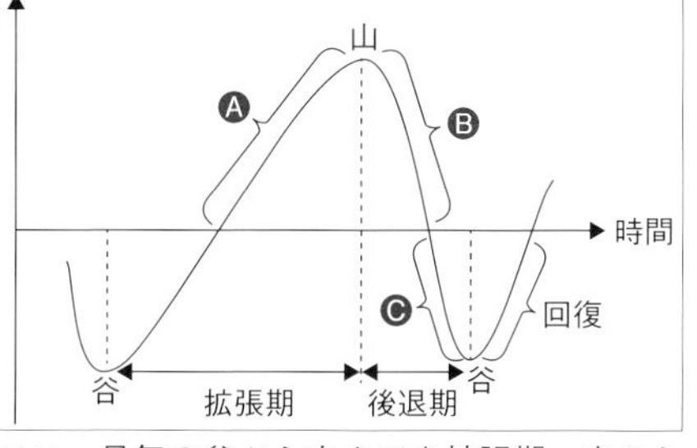

2 キチンの波は，在庫投資の変動に起因する景気循環である。なお，周期に関する記述は正しい。

3 正しい。

4 クズネッツの波は，建設投資の変動に起因する景気循環である。なお，周期に関する記述は正しい。

5 ジュグラーの波は，設備投資の変動に起因する景気循環である。なお，周期に関する記述は正しい。

景気循環の種類について

名称	平均周期	景気変動の主な要因
[D　　　]	約 40 ヶ月	在庫投資
ジュグラーの波	約 8 ～ 10 年	設備投資
[E　　　]	約 20 年	建設投資
コンドラチェフの波	約 40 ～ 50 年	[F　　　]

□ 景気循環については名称の暗記に関して混乱するが，「在庫→設備→建設→技術革新へと，投資規模が大規模になるほど，平均周期が長くなる」と覚えておけば理解が容易になる。

A：好況，B：後退，C：不況，D：キチンの波，E：クズネッツの波，F：技術革新

国民経済の指標

国民経済の指標に関する記述として，最も妥当なのはどれか。

平成 27 年度
警察官

1 国民総生産は，１年間に~~国内で活動する経済主体~~が生産し市場で取引された付加価値の合計である。
その国の国民

2 国内総生産は，国民総生産~~に政府の活動に係る補助金を加えた~~ものである。
（国民総所得）　から海外からの純要素所得を控除した

3 国民所得は，国民総生産から~~中間生産物を控除した~~ものである。
固定資本減耗と間接税を控除し，補助金を加えた

4 生産国民所得は，分配国民所得及び支出国民所得のいずれとも一致する。

5 ~~国民純生産~~は，国民総生産に余暇や住環境を経済評価して加減した国民福祉指標である。
国民純福祉

1 国民総生産（GNP）は，国民を基準にした指標である。近年はこれを指して，[Ⓐ　　　　　]（GNI）という用語が用いられる。

2 国民が海外で得た所得（海外からの要素所得）から外国人が国内で得た所得（海外への要素所得）を差し引いたものを「海外からの純要素所得」という。国内総生産（GDP）は，一定期間（1年間）に国内で生産された付加価値の合計なので，国民総生産から，海外からの純要素所得を差し引いたものが国内総生産となる。

3 国民所得（NI）は，一定期間に生み出された国民全体の所得（付加価値）の総額をいう。国民総生産から[Ⓑ　　　　　]（生産設備の毎年の価値の減少分）を除いたものを，国民純生産（NNP）という。これは市場価格で計算されており，間接税（市場価格を上昇させる）が含まれる一方，政府からの補助金（市場価格を低下させる）が含まれていない。ゆえに国民所得は，国民純生産（国民総生産－固定資本減耗）から間接税を除き補助金を加えて計算される。

4 正しい。経済活動で生産された付加価値は，すべて所得として分配され，消費や投資として支出される。ゆえに，国民所得を生産・分配・支出の三側面から捉えた額は理論上同額となる。これを国民所得の[Ⓒ　　　　　]の原則という。

5 経済水準の指標として従来国内総生産が用いられてきたが，1970年代よりその不十分さが認識され，真の豊かさを示す国民福祉指標づくりが試みられるようになった。アメリカで考案された経済福祉指標（MEW），日本の国民純福祉（NNW）などがある。

Point

□ 二面等価の原則は，狭義の国民所得（NI）だけでなく広義の国民所得（GNP，GDP，NNP）にも当てはまる。

Ⓐ：国民総所得，Ⓑ：固定資本減耗，Ⓒ：三面等価

国の経済規模を表す指標

国の経済規模を表す指標に，国内総生産（GDP）や国民所得（NI）などがある。これらに関する記述として最も妥当なのはどれか。

平成23年度
国家Ⅱ種

1 国内総生産とは，1年間に国内で新たに生産した財やサービスの~~総額~~（粗）付加価値の総額である。原材料や半製品などの中間生産物の価格~~は，二重・三重に計算されるため，産業が高度に発展した国ほど，最終生産額の何倍もの価値が生み出され~~を国内産出額から控除したものが，国内総生産として集計される。

2 国民総生産（GNP）は，自国の国籍を有する「国民」が~~国内~~国内及び国外で生み出した付加価値の合計であり，その国内で働く外国人や外資系企業が行った経済活動は含まれない。また，外国に滞在する自国民や，自国企業が外国で行った経済活動~~も含まれない~~は含まれる。

3 国民所得は，国民純生産（NNP）から，政府からの補助金を~~差し引き~~加え，間接税を~~加えた~~差し引いたものである。この理由は，消費税等の間接税は売上高に含まれるためこれを~~加える~~差し引くが，補助金は，その分だけ価格を低めているので，これを~~除く~~加えるものである。

4 一国経済の規模は，生産・分配・支出の三つの側面からとらえることができる。各産業により生み出される生産国民所得，賃金や利潤などの形で分配される分配国民所得，各経済主体により消費・投資される支出国民所得の三者は等しく，これを三面等価の原則という。

5 国内総生産は，ある~~一時点~~期間内での生産量の大きさを示す~~ストック量~~フロー量である。これに対して，国富とは，ある~~期間内~~一時点において，国内で保有している建物・機械や土地・森林などの実物資産と，預貯金などの金融資産の~~合計~~合計から負債を除いた正味資産を示す~~フロー量~~ストック量である。

難易度 ★★★　重要度 ★★★

1 [Ⓐ　　　　　] とは，1年間に国内で新たに生産した財やサービスの（粗）付加価値の総額である。付加価値は生産額から原材料や半製品などの中間投入額を除いたものである。また，[Ⓐ　　　　　] は，最終生産額（最終生産物にその市場価格を掛けたもの）を合計して求められる。なお，[Ⓐ　　　　　] から固定資本減耗を引いたものが国内純生産である。

2 [Ⓑ　　　　　] は，一国民が国内および国外で稼いだ所得の合計である。国内総生産に海外からの所得の純受取を加えたものとして求めることができる。なお，現在では国民総生産（GNP）に変わって国民総所得（GNI）が公表されている。

3 [Ⓒ　　　　　] は，国民純生産から純間接税（＝間接税－補助金）を引くことによって求めることができる。国民純生産は国民総生産（国民総所得）から固定資本減耗を除いたものである。

4 正しい。国内総生産（GDP）は生産・分配・支出のいずれの側面で見てもすべて等しい。このことを [Ⓓ　　　　　] という。生産面から見たGDPは最終生産額の合計である。分配面から見たGDPは国内要素所得（雇用者報酬＋営業余剰），純間接税，固定資本減耗の合計である。支出面から見たGDP（国内総支出（GDE））は最終消費支出，総資本形成，純輸出の合計である。

5 ある期間内において計測されたものが [Ⓔ　　　　　] であり，ある一時点において計測されたものが [Ⓕ　　　　　] である。国富は非金融資産（実物資産）と金融資産から負債を除いた正味資産として定義される。

Point

- □ 国内総生産とは，ある一定期間に国内で新たに生産された財・サービスの付加価値の総額である。
- □ 国内総生産は生産・分配・支出のいずれの側面で計測してもすべて等しくなり，三面等価の原則が成立する。
- □ 国内総生産から固定資本減耗を除いたものを国内純生産という。
- □ 国内総生産に海外からの所得の純受取を加えたものを国民総所得という。

Ⓐ：国内総生産（GDP），Ⓑ：国民総生産（GNP），Ⓒ：国民所得，Ⓓ：三面等価の原則，Ⓔ：フロー，Ⓕ：ストック

国内総生産

国内総生産（GDP）に関する記述として最も妥当なのはどれか。

令和３年度
国家総合職

1 実質 GDP は，ある年を基準年として固定し，その年の価格水準で GDP を再評価したものであり，名目 GDP とは区別される。また，名目 GDP を実質 GDP で除して求められる数値は，GDP デフレーターと呼ばれ，経済全体の物価の変動を表す指標の一つである。

2 GDP は，一定期間中に国内で生産された，すべての財・サービスの~~生産額~~付加価値の合計であり，一国の経済活動の水準を示す指標である。また，GDP から，~~原材料等の中間生産物の投入額及び~~資本の生産能力の劣化に伴い発生する固定資本減耗を除いたものが国内純生産（NDP）である。

3 GDP を支出面から捉えたものは国内総支出（GDE）と呼ばれ，~~雇用者報酬や営業余剰・混合所得~~民間最終消費支出や政府最終消費支出などで構成される。また，GDP を分配面から捉えたものが国内総所得（GDI）であり，~~民間最終消費支出や政府最終消費支出~~雇用者報酬や営業余剰・混合所得などで構成される。三面等価の原則により，GDP= 国内総支出 = 国内総所得の関係が成り立つ。

4 GDP は市場で評価できないものは除外される~~ことから~~ものの，政府の行政サービスや持ち家の帰属家賃といった，市場を通じた取引が行われないものは GDP に含まれ~~ない~~る。一方，保有資産の価格変動に伴うキャピタル・ゲインやキャピタル・ロスについては，市場価格を用いて評価が可能である~~ため~~ものの GDP に含まれ~~る~~ない。

5 GDP を生み出すすべての生産要素は，資本か~~資金~~労働のいずれかに分類され，この二つの生産要素が国内経済において十分に活用されたときに得られる GDP が潜在 GDP である。経済が好況の場合は，一般的に潜在 GDP が現実の GDP を~~上~~下回っており，GDP ギャップはプラスの値となる。

難易度 ★★★ 重要度 ★★★

1 正しい。なお，物価に関して，基準年の数量を用いて計算した物価指数である［Ⓐ　　　］指数と，現在の数量を用いて計算した物価指数である［Ⓑ　　　］指数の二つに大きく区分されるが，GDPデフレーターは後者に属する。

2 GDPは，一定期間中に国内で生産された，すべての財・サービスの付加価値の合計である。また，GDPから固定資本減耗を差し引いたものを国内純生産（NDP），さらにNDPから純間接税（間接税－補助金）を差し引いたものを国内所得（DI）という。

3 支出面から見たGDPである［Ⓒ　　　］は民間最終消費支出や政府最終消費支出などで構成され，一方，分配面から見たGDPである［Ⓓ　　　］は，雇用者報酬や営業余剰・混合所得などで構成される。

4 GDPは，実際には市場で取引されていなくても，仮想の市場取引によって評価する帰属計算が例外的に行われており，政府の行政サービスや持ち家の［Ⓔ　　　］がその例外に該当する。一方，キャピタル・ゲインやキャピタル・ロスは，付加価値の増加ではなく，資産価格の変動に過ぎないためGDPに含まれない。

5 GDPを生み出すすべての生産要素は，資本か労働のいずれかに分類され，この二つの生産要素が国内経済において十分に活用されたときに得られるGDPが潜在GDPである。経済が好況の場合は，潜在GDPが現実のGDPを下回り，また，GDPギャップは，$\frac{(\text{現実のGDP}-\text{潜在GDP})}{\text{潜在GDP}}$で定義される。［Ⓕ　　　］はプラスの値となる。

Point

- ☐ 公務員試験で登場する消費者物価指数，企業物価指数およびGDPデフレーターは，パーシェ型とラスパイレス型のいずれかに区分される。頻出論点であるとともに，間違えやすいのでしっかり整理しておくこと。
- ☐ 三面等価の原則をしっかり理解しておけば，後の45度線分析，特に均衡国民所得の理解が容易になる。
- ☐ 市場で取引されていなくても例外的にGDPに計上する方法を帰属計算というが，これに該当するもの，しないものは頻出論点であることから，しっかり整理しておくこと。

Ⓐ：ラスパイレス，Ⓑ：パーシェ，Ⓒ：国内総支出（GDE），Ⓓ：国内総所得（GDI），Ⓔ：帰属家賃，Ⓕ：GDPギャップ

経済085

国民所得・景気変動

国民所得や景気変動に関する記述として最も妥当なのはどれか。

平成26年度
国家一般職

1 ~~ＧＮＰ（国民総生産）~~ ＧＮＩ（国民総所得）は，ＧＤＰ（国内総生産）より海外からの純所得を~~控除する~~加えることで得られる。~~ＧＮＰ~~ＧＮＩとＧＤＰを比較すると，~~ＧＮＰ~~ＧＮＩはＧＤＰ~~より必ず小さくなる~~とほとんど変わらない。

2 名目ＧＤＰの増加率である名目成長率から，物価上昇率を差し引くと，実質ＧＤＰの増加率である実質成長率が求められる。また，我が国の場合，第二次世界大戦後から2013年までに，消費者物価上昇率（前年比）が7.5％を上回ったことは~~ない~~ある。

3 ＮＩ（国民所得）は，生産，支出，分配の三つの流れから捉えることが可能である。また，~~生産国民所得から支出国民所得を差し引いた大きさ~~生産国民所得，支出国民所得と分配国民所得の大きさが等しいという関係が成り立つ。

4 景気が~~好況~~不況時に継続的に物価が上昇することをスタグフレーションという。我が国の場合，デフレーションと不況が悪循環となるデフレスパイラルの現象が見られたことはあるが，スタグフレーションの現象が第二次世界大戦後から2013年までに見られたことは~~ない~~ある。

5 景気の波のうち，在庫調整に伴って生じる周期３年から４年ほどの短期の波を，キチンの波という。一方，大きな技術革新などによって生じる周期50年前後の長期の波を，コンドラチェフの波という。

難易度 ★★ 重要度 ★★

1 GNPは，GDPに海外から受け取った所得(賃金・配当・利子など)を加え，海外に支払った所得を差し引いたものである。新しい国民経済計算（93 SNA）の導入により，GNPに代わりGNI（[Ⓐ　　　　　]）の概念が用いられている。

2 第一次［Ⓑ　　　　　］後の1973～75年の物価上昇は，狂乱物価ともいわれ，特に74年の消費者物価上昇率は23%にも達していた。

3 国民所得は，生産・支出・分配という三つの側面から推計されるが，これらは同じものを別の面からとらえたものであるから，それぞれは理論上同額になる。これを国民所得の「[Ⓒ　　　　　]」という。

4 景気停滞下のインフレを特にスタグフレーションと呼ぶ。わが国でも先進国と同様に，1970年代の前半の第一次［Ⓑ　　　　　］の際，原油価格の高騰によりスタグフレーションに見舞われた。

5 正しい。景気の変動は，好況→後退→不況→回復という四つの局面を繰り返す（「[Ⓓ　　　　　]」ともいう)。この景気変動の周期は，「短期波動」，「長期波動」などというようにかなり規則的な性質を有する。

Point

- □ GNPとGNIとは，同じ概念であり，同じ金額になる。
- □ 生産国民所得・支出国民所得・分配国民所得は，理論上同額になる。
- □ 景気停滞下のインフレをスタグフレーションという。

Ⓐ：国民総所得，Ⓑ：石油危機（オイルショック），Ⓒ：三面等価の原則，Ⓓ：景気循環

物価の変動

物価の動きに関する記述として，妥当なのはどれか。

平成24年度
地方上級

1 消費者物価指数とは，消費者が購入する財やサービスなどの価格を指数化したものであり，~~日本銀行~~（総務省）が毎月発表している。

2 インフレーションとは，物価が持続的に上昇することをいい，インフレーションになると，貨幣価値が~~上がる~~（下がる）ため，実質賃金の~~上昇~~（下落）を招くこととなる。

3 ディマンド・プル・インフレーションとは，~~賃金や原材料費などの生産コストの上昇~~（供給を大幅に超える需要の存在）が要因となって物価を押し上げることをいう。

4 クリーピング・インフレーションとは，わが国では~~第二次世界大戦直後~~（1960年代の高度経済成長期）にみられた現象であり，物価が~~短期間で急激に数十倍にも~~（時間をかけて緩やかに）上昇することをいう。

5 スタグフレーションとは，スタグネーションとインフレーションとの合成語であり，不況にも関わらず物価が上昇する現象をいう。

難易度 ★★★　重要度 ★★★

1 [Ⓐ　　　　　] は，物価を表す経済指数の一つで，消費者が実際に購入する段階での商品の小売価格の変動を表す。総務省が毎月発表する小売物価統計調査を元に作成される。

2 [Ⓑ　　　　　] は，物価（財やサービスの全体の価格レベル）がある期間持続的に上昇する経済現象である。物価が上昇すると，同じ貨幣で買える財やサービスの減少，または質の低下をもたらすから，貨幣価値の相対的な下落を意味する。もし賃金の金額が変わらなければ，実質賃金は下落することになる。

3 [Ⓒ　　　　　] は需要インフレともいわれ，供給を大幅に上回る需要があることにより起こる。たとえば，1970年代半ばの日本に見られたインフレは，建築需要の増大が原因の一つである。生産コスト上昇によるインフレは供給インフレの一つで，特にコスト・プッシュ・インフレーションなどと呼ばれる。

4 [Ⓓ　　　　　] は，年率数%程度の緩やかなスピードで進むインフレーションのこと。好況期に見られ，経済が健全に成長していることを示し，通常望ましい状態と考えられる。第二次世界大戦直後の日本のように，急速なインフレーションはギャロップ・インフレーションと呼ばれ，さらに短期間に急激に物価が上昇する現象はハイパー・インフレーションと呼ばれる。

5 正しい。スタグネーションは経済の停滞・不況を意味する。通常不況時には物価が下落するが，供給が極端に減少した際など不況にも関わらず物価が上昇することがある。この状態を [Ⓔ　　　　　] という。

Point

- □ 物価が上昇する現象をインフレーション（インフレ），下落する現象をデフレーション（デフレ）という。
- □ デフレによる賃金下落が不況を招き，さらにデフレが進む悪循環のことを，デフレ・スパイラルと呼ぶ。
- □ インフレーションには，需要や供給の変化によって起こるものと，貨幣の供給増によって起こるものがある。
- □ インフレーションは，物価上昇のスピードによって，クリーピング・インフレ，ハイパー・インフレなどに分けることができる。

Ⓐ:消費者物価指数, Ⓑ:インフレーション, Ⓒ:ディマンド・プル・インフレーション, Ⓓ:クリーピング・インフレーション, Ⓔ:スタグフレーション

経済087

物価

物価に関する記述として最も妥当なのはどれか。

令和２年度 国家専門職

1 インフレのうち，賃金や原材料の上昇など主に~~需要~~供給側の要因によるものは~~ディマンド・プル~~コスト・プッシュ・インフレと呼ばれており，また，民間の消費や投資の拡大によって財の価格上昇がもたらされるものは，~~コスト・プッシュ~~ディマンド・プル・インフレと呼ばれている。

2 消費者物価指数は家計の消費に関するものであり，家計が購入する財やサービスに関する総合的な価格動向を表す指標である。また，企業物価指数は原材料などの企業間で取引される財に関するものであり，企業が購入する財に関する総合的な価格動向を表す指標である。

3 経済全体の物価上昇を示す指標としてGDPデフレーターがあり，これは~~実質~~名目GDPを~~名目~~実質GDPで割ることによって求められる。ある経済において生産量は変化せず物価水準が上昇した場合，~~名目~~実質GDPは変化しないものの~~実質~~名目GDPは増加するため，GDPデフレーターは上昇する。

4 インフレ率や名目賃金上昇率と失業率との間の安定した~~正~~負の相関関係を示す曲線は，フィリップス曲線と呼ばれる。フィリップス曲線が示すところによると，インフレ率や名目賃金上昇率が高いときは失業率も~~高く~~低くなる一方，インフレ率や名目賃金上昇率が低いときは失業率も~~低く~~高くなる。

5 わが国の消費者物価の動向についてみると，対前年上昇率は，~~1980年代後半のバブル経済の時期には20％を超える年もあったが，その後，バブル崩壊に伴う長期的な不況の影響により低下し，2000年以降についてみると２～３％で推移~~ ➲バブル経済の時期でも３％程度の水準であったが，バブル崩壊により低下。2000年以降アベノミクスまでは０％前後で推移している。

解説

難易度 ★★☆　重要度 ★★★

1 [Ⓐ　　　　　] は，消費や投資の拡大など，需要が供給を超過することで生じる物価上昇のことをいい，[Ⓑ　　　　　] は，賃金や原材料など生産コストの上昇による物価上昇のことをいう。

2 正しい。消費者物価指数は総務省，企業物価指数は日本銀行が公表している。なお，両者とも，基準年次の数量を用いて計算した物価指数である [Ⓒ　　　　　] に該当する。

3 [Ⓓ　　　　　] は，名目 GDP を実質 GDP で割った物価指標であり，比較年次の数量を用いて計算した物価指数である [Ⓔ　　　　　] に該当する。

4 失業率と物価上昇率の負の相関関係を示す [Ⓕ　　　　　] は，[Ⓖ　　　　　] 仮説が成立する下では，短期においては右下がりである一方，長期においては [Ⓖ　　　　　] 水準で垂直になる。

5 わが国の消費者物価指数の動向についてみると，1973 年の [Ⓗ　　　　　] 期に対前年上昇率 20%を超えたものの，その後は第２次オイルショック期を除き，下落傾向で推移し，1980 年代後半のバブル経済の時期でも３%程度の水準であった。その後，バブル崩壊に伴う長期的な不況の影響により低下し，2000 年以降は０%前後で推移している。

Point

☐ 代表的物価指標（消費者物価指数，企業物価指数，GDP デフレーター）について，それぞれパーシェ方式，ラスパイレス方式のいずれに該当するのかが本試験では頻出である。

☐ フィリップス曲線に関して，フリードマンらによって，長期的には，賃金上昇率や物価上昇率の値に拠らず，失業率は自然失業率水準になるという自然失業率仮説が主張された。

Ⓐ：ディマンド・プル・インフレ，Ⓑ：コスト・プッシュ・インフレ，Ⓒ：ラスパイレス方式，Ⓓ：GDP デフレーター，Ⓔ：パーシェ方式，Ⓕ：フィリップス曲線，Ⓖ：自然失業率，Ⓗ：第一次オイルショック

景気

景気に関する記述として最も妥当なのはどれか。

平成29年度
国家専門職

1 景気循環は，好況・後退・不況・回復の四つの局面が一つの周期になっている。建設投資や設備投資は，好況期に最大，不況期に最小になり，利子率は，好況期に~~低水準~~，不況期に~~高水準~~になる。
高水準　低水準

2 景気循環は，その周期によって類別され，代表的なものとして，主たる原因が在庫変動によるもの（3～4年），~~建設投資~~によるもの（7～10年），~~設備投資~~によるもの（20年前後），技術革新などによるもの（50～60年）がある。
設備投資　建設投資

3 景気変動の幅が大きくなると，不況期には大量の失業や設備の過剰が生じ，好況期にはインフレーションなどの問題が生じる。景気変動の幅をできるだけ小さくして景気の安定を図るために，財政政策や金融政策などの複数の政策手段を組み合わせるポリシー・ミックスが行われることがある。

4 わが国では，1950年代半ばから1970年代初めにかけて，実質国民総生産が平均して年率~~30%~~で成長したが，第1次石油危機により成長率は低下し，景気停滞（スタグネーション）と~~デフレーション~~が同時に進行するスタグフレーションに直面した。
10%超　インフレーション

5 わが国では，バブル経済崩壊後の1990年代から景気の低迷が続き，第二次世界大戦後~~初めて~~マイナス成長を経験した。~~2008年のリーマン・ショック直後~~には，日本経済がデフレーションの状態にあるとの政府見解が~~バブル経済崩壊後~~初めて示された。
2度目の　2001年3月　第二次世界大戦後

難易度 ★★☆ **重要度** ★★☆

1 利子率は，金融市場における資金の需要と供給の関係によって決まり，経済活動が活発で資金需要が増加する好況期に高水準，経済活動が低迷し資金需要が減少する不況期に低水準になる。

2 景気循環は周期の長さによって分類され，その代表的なものは以下のとおりである。

	周期の長さ	主たる原因
キチンの波	3～4年	在庫投資の変動
[Ⓐ　　　　] の波	7～10年	設備投資の変動
クズネッツの波	20年前後	建設投資の変動
[Ⓑ　　　　] の波	50～60年	技術革新

3 正しい。ポリシー・ミックスとは，複数の政策目標を達成するために，複数の政策手段を組み合わせて用いることをいう。

4 1973年に発生した第1次石油危機は，原油価格の高騰により，わが国に [Ⓒ　　　　] と呼ばれるほどの激しいインフレーションをもたらした。これに対し，政府がインフレ抑制のため総需要抑制策を講じたこともあり，わが国は，1974年に第二次世界大戦後初の [Ⓓ　　　　] を経験した。

5 わが国では，バブル経済期（1980年代後半～1990年代初頭）に地価や株価が高騰し好景気が続いたが，バブル経済崩壊後は，資産価格の下落に伴い [Ⓔ　　　　] 問題が発生するなど長期にわたって景気が低迷し，1998年に第二次世界大戦後2度目のマイナス成長を経験した。また，2008年のリーマン・ショックを引き金にして発生した世界金融危機の影響を受け，わが国は2008年，2009年と2年連続のマイナス成長を経験した。

- [ ] わが国は，第1次石油危機の際にスタグフレーションに直面し，バブル経済崩壊後にデフレ・スパイラルに陥った。

Ⓐ：ジュグラー，Ⓑ：コンドラチェフ，Ⓒ：狂乱物価，Ⓓ：マイナス成長，Ⓔ：不良債権

為替

為替に関する記述として最も妥当なのはどれか。

平成28年度
国家一般職

1 外国通貨と自国通貨の交換比率のことを外国為替相場，~~銀行間で~~外貨取引を行う市場を外国為替市場という。外国為替相場は~~米国と各国の中央銀行間で決定されており~~（➔解説参照），基軸通貨である米ドルと各国の通貨との交換比率が「1ドル＝100円」のように表される。

2 第二次世界大戦後，外国為替相場の安定と自由貿易の促進を目的としたブレトン＝ウッズ体制の下で固定為替相場制の体制が成立した。我が国が国際貿易に復帰する時には，「1ドル＝360円」の相場であった。

3 1973年に~~先進国間でプラザ合意が成立~~（スミソニアン体制が崩壊）し，我が国も変動為替相場制へ移行することとなった。経済成長とともに我が国の貿易黒字が拡大し，日米間での貿易摩擦に発展した。そのため，円高・ドル安~~の傾向が強まり~~（に誘導するプラザ合意により），1985年には「1ドル＝80円」に~~達した~~（達していない）。

4 貿易での決済がドルで行われる場合，円高・ドル安になると我が国の輸入は増加し，円安・ドル高になると我が国の輸出が増加する。為替相場を誘導することは貿易問題を引き起こしやすいことから，~~国家による為替介入は，変動為替相場制の下では禁止されている~~（→このような事実はない）。

5 為替相場の変動によって生じる利益のことを為替差益といい，例えば日本円を「1ドル＝100円」の相場で全てドルに交換し，その相場が円高・ドル安に進んだ後，全て日本円に交換すると，~~利益~~（損失）が出ることになる。

難易度 ★★★　重要度 ★★★

1 外国為替市場における外貨取引には，個人や企業が金融機関と行う取引と金融機関どうしが行う取引がある。また，外国為替相場は，変動為替相場制であれば外国為替市場における［Ⓐ　　　　　］で決まるので，本肢が誤りであることは常識で判断可能である。

2 正しい。ブレトン＝ウッズ体制における固定為替相場制は，金との兌換が保証されたドルを基軸通貨とする金・ドル本位制であった。「1ドル＝360円」の単一為替レートは［Ⓑ　　　　　］によって1949年に設定された。

3 1985年のプラザ合意に基づく外国為替市場へのドル売りの協調介入により急激な円高・ドル安が進行し（1985年末までに「1ドル＝200円」に達した），我が国は輸出の減少による［Ⓒ　　　　　］に陥った。

4 選択肢3の記述中の「プラザ合意」もその具体例であるが，変動為替相場制の下での国家による為替介入は現実に行われているので，本肢が誤りであることは明白である。なお，本問のように，他の選択肢の記述中に正誤判断の鍵となるキーワードが潜んでいることもあるので，解答の際には視野を広くとるようにしたい。

5 例えば，1万円を「1ドル＝100円」の相場で全てドルに交換すると100ドルとなるが，円高・ドル安が進んで「1ドル＝80円」となった後に全て日本円に交換すると8千円となり，損失が出ることになる。

Point

- [ ] 1971年8月にアメリカ合衆国大統領ニクソンが金とドルの交換を停止したことにより，ブレトン・ウッズ体制は崩壊した。
- [ ] 1971年12月のスミソニアン協定により，ドルを切り下げた新レートで固定為替相場制が再建されたが，国際通貨情勢は安定せず，主要各国は1973年に変動為替相場制に移行した。

Ⓐ：需要と供給の関係，Ⓑ：ドッジ・ライン，Ⓒ：円高不況

国際経済体制の変遷

国際経済体制の変遷に関する記述として，妥当なのはどれか。

令和２年度
地方上級

1 ブレトン・ウッズ体制とは，自由貿易を基本とした国際経済秩序をめざして，IMF と IBRD（国際復興開発銀行）が設立され，GATT が結ばれた体制をいい，この体制下では，ドルを基軸通貨とする固定相場制が採用された。

2 1971 年，ニクソン大統領がドル危機の深刻化により金とドルの交換を停止したため，外国為替相場は固定相場制を維持できなくなり，1976 年に IMF によるスミソニアン合意で，変動相場制への移行が正式に承認された。
キングストン合意

3 1985 年，先進５か国は，レーガン政権下におけるアメリカの財政赤字と経常収支赤字を縮小するため，Ｇ５を開き，ドル高を是正するために各国が協調して為替介入を行うルーブル合意が交わされた。
プラザ合意

4 GATT は，自由，無差別，多角を３原則として自由貿易を推進することを目的としており，ケネディ・ラウンドでは，サービス貿易や知的財産権に関するルール作りを行うことが 1993 年に合意された。
ウルグアイ・ラウンド

5 UNCTAD（国連貿易開発会議）は，GATT を引き継ぐ国際機関として設立され，貿易紛争処理においてネガティブ・コンセンサス方式を取り入れるなど，GATT に比べて紛争解決の機能が強化された。
WTO（世界貿易機関）

難易度 ★☆☆ 重要度 ★★★

1 正しい。[Ⓐ　　　　] と [Ⓑ　　　　] はブレトン・ウッズ体制により設立された組織である。[Ⓐ　　　　] は，加盟国による金ドル本位制に基づく固定相場制の維持を目的とし，[Ⓑ　　　　] は，[Ⓐ　　　　] 加盟国の戦後復興長期資金の供与を目的として設立された。

2 1971 年の [Ⓒ　　　　] により，金とドルの交換が停止され国際金融市場は混乱した。同年 12 月の [Ⓓ　　　　] において，ドル価値を切り下げることで固定相場制は維持されたが長くは続かず，1973 年 2 月以降，主要国は変動相場制へ移行し，1976 年のキングストン合意で変動相場制への移行が正式に承認された。

3 レーガン政権の経済政策 [Ⓔ　　　　] によるドル高政策の結果，アメリカは財政赤字の急拡大と経常収支の悪化という双子の赤字に直面した。1985 年[Ⓕ　　　　]によりドル高は是正されたものの，その動きが急激だったため，1987 年のルーブル合意でドル価値維持協調政策が図られたものの，ドル安の流れは止まらなかった。

4 GATT（関税及び貿易に関する一般協定）の主な多角的貿易交渉（ラウンド）としては，1964 ～ 67 年のケネディ・ラウンド（平均約 35% の関税引下げ）や，1973 ～ 79 年の東京ラウンド（非関税措置の軽減・撤廃の実現），1986 ～ 94 年のウルグアイ・ラウンド（サービス・知的所有権分野のルール作成，[Ⓖ　　　　] 設立）がある。

5 国際機関である [Ⓖ　　　　] は，貿易紛争処理に関して，加盟国が反対しない限り罰則を適用できるネガティブ・コンセンサス方式を採用することで，紛争解決のための小委員会を設置する際に理事国の全会一致が不要となっている。

- □ ブレトン・ウッズ体制は，国際基軸通貨をドルとし，各国通貨はドルを通じて金とリンクする金ドル本位制に基づく固定相場制を採用。
- □ ニクソン・ショック以降の外国為替相場の流れは下記のとおり。
  ニクソン・ショック（金とドルの一時的交換停止）⇒スミソニアン協定（ドルの切下げによる固定相場制維持）⇒ 1973 年：主要各国，変動相場制へ⇒ 1976 年:キングストン合意（変動相場制への移行承認）

Ⓐ：IMF（国際通貨基金），Ⓑ：IBRD（国際復興開発銀行）または，世界銀行，Ⓒ：ニクソン・ショック，Ⓓ：スミソニアン協定，Ⓔ：レーガノミクス，Ⓕ：プラザ合意，Ⓖ：WTO

第二次世界大戦後の日本経済

第二次世界大戦以降のわが国の経済に関する記述として最も妥当なのはどれか。

平成30年度
国家一般職

1 連合国軍最高司令官総司令部（GHQ）が~~行った~~農地改革では，自作農を~~抑制~~し，
指令した　創設
地主・小作関係に基づく寄生地主制が~~採られた~~。一方，労働改革については民
解体された
主化が期待されていたが，~~財閥~~の反対により労働基準法を含む労働三法の制定
└ 民主化政策で解体された
は~~1950年代初めまで行われなかった~~。
1947年までに行われた

2 経済復興のために傾斜生産方式が採用された結果，通貨量の増加によるインフレーションが生じた。GHQは，シャウプ勧告に基づき~~間接税~~を中心に据える
直接税
税制改革等を行ったものの，インフレーションは~~収束せず~~，朝鮮戦争~~後も~~わが
収束し　の特需により
国の経済は不況から脱出~~することができなかった~~。
した

3 わが国は，1955年頃から，神武景気，岩戸景気等の好景気を経験したが，輸入の増加による国際収支の悪化が景気持続の障壁となっており，これは国際収支の天井と呼ばれた。また，高度経済成長期の1960年代半ばに，わが国は経済協力開発機構（OECD）に加盟した。

4 1973年の第1次石油危機はわが国の経済に不況をもたらしたため，翌年には経済成長率が戦後初めてマイナスとなった。また，第2次石油危機に際しても省エネルギー技術の開発が~~進まず~~，国際競争力~~で後れを取ったため~~，~~貿易赤字~~
進んでいたため　が高まり　貿易黒字
が大幅に拡大していった。

5 1980年代末のバブル景気の後，1990年代には，政府の地価抑制政策などをきっかけに，長期にわたり~~資産価格や消費者物価の大幅な上昇~~が見られるとともに，
資産価格は低迷し，消費者物価上昇率も低下傾向
景気の停滞に見舞われた。1990年代の企業は，金融機関からの~~融資条件の緩和~~を背景に~~積極的に人材雇用~~を行ったため，失業率は~~低下~~傾向で推移した。
貸し渋りなど　事業の整理や人員削減　上昇

1 本肢は，戦後の3大改革（財閥解体・農地改革・労働改革）およびその目的（経済民主化）を押さえていれば容易に誤りと判断できる。なお，農地改革が行われた当時のわが国はGHQの［Ⓐ　　　　］下に置かれていたので，農地改革はGHQの指令により日本政府が行った。

2 傾斜生産方式の導入により悪化したインフレは，［Ⓑ　　　　］による緊縮財政により収束したものの，わが国の経済は深刻な不況に陥った。1950年に勃発した朝鮮戦争はわが国に特需をもたらし，［Ⓑ　　　　］後の不況から脱出する契機となった。

3 正しい。わが国の高度経済成長期は1950年代半ば～1973年であり，神武景気，岩戸景気，オリンピック景気，［Ⓒ　　　　］（1965～1970年，57か月）などの好景気を経験した。

4 1973年の第1次石油危機は，わが国に［Ⓓ　　　　］と呼ばれるほどの激しいインフレをもたらしたが，政府がインフレ対策として総需要抑制策を実施したこともあり，翌1974年には戦後初のマイナス成長に陥った。なお，第2次石油危機の影響により1979年，1980年は貿易赤字を記録したが，その後は貿易黒字が続いた（東日本大震災があった2011年の貿易赤字は31年ぶりであった）。

5 バブル経済崩壊により生じた［Ⓔ　　　　］問題等を背景に，1990年代のわが国は長期にわたって景気が低迷したが，本肢は，この1990年代の日本経済の「概況」を押さえていれば容易に誤りと判断できる。また，「地価抑制政策」や「景気の停滞」と「資産価格や消費者物価の大幅な上昇」は矛盾する内容なので，このような「記述内の矛盾」は見逃さないようにしたい。

- ☐ 朝鮮戦争はわが国に特需をもたらし，ドッジ・ライン後の不況から脱出する契機となった。
- ☐ バブル経済崩壊後，資産価格の下落に伴い不良債権問題が発生し，1990年代のわが国は長期にわたって景気が低迷した。

Ⓐ：間接統治，Ⓑ：ドッジ・ライン，Ⓒ：いざなぎ景気，Ⓓ：狂乱物価，Ⓔ：不良債権

経済092

第二次世界大戦後の世界経済

第二次世界大戦後の世界経済に関する記述として，最も妥当なのはどれか。

1 1945年に発足した~~キングストン体制~~では，金との交換を保証したドルを基軸
ブレトンウッズ体制
通貨とする**固定相場制**が採用された。

2 ~~1948~~年，~~貿易に対する制限の撤廃と自由貿易の促進のために~~，IMF（国際通
1945　国際金融並びに為替相場の安定化を目的として
貨基金）が設立された。

3 1971年，アメリカの~~フォード大統領~~が金とドルの交換停止を宣言し，その2
ニクソン大統領
年後の1973年に先進国は**変動相場制**へ移行した。

4 1985年，アメリカの双子の赤字の原因となった~~円高~~を是正するため，先進5
ドル高
か国による**プラザ合意**がかわされた。

5 1994年に北米ではアメリカ・カナダ・メキシコによるNAFTA（北米自由貿易協定）が，翌1995年に南米ではMERCOSUR（南米南部共同市場）が発足した。

難易度 ★☆☆　重要度 ★★★

1 1944年に開催された［Ⓐ　　　　　］会議では，①国際基軸通貨をドルとし，各国通貨は対ドル固定相場制で金と間接的にリンクする，②［Ⓑ　　　　　］を設立し，加盟国が国際収支赤字を抱えたとき，［Ⓑ　　　　　］は当該国に外貨を貸し出す，③為替安定のために各国政府が努力する等，戦後世界経済を規定する［Ⓐ　　　　　］体制が合意された。

2 ［Ⓑ　　　　　］は国際的な為替の安定を図ることを目的に設立された国際機関であり，本肢の「貿易に関する制限の撤廃と自由貿易の促進」を目的とするのは，1948年に23か国の間で調印された［Ⓒ　　　　　］であった。

3 金・ドル交換停止を宣言したのは［Ⓓ　　　　　］大統領である。この［Ⓓ　　　　　］・ショックにより，［Ⓐ　　　　　］体制は崩壊した。1971年12月のスミソニアン合意により，ドル引下げによる新レートの下で固定相場制が再開したが，その後もドル価値の低下が続いたため主要各国は1973年に相次いで変動相場制へ移行した。

4 レーガノミクスによるドル高路線の結果，アメリカは財政収支赤字と経常収支赤字という［Ⓔ　　　　　］に直面した。1985年9月には，［Ⓕ　　　　　］に基づく主要各国政府による外国為替市場への協調介入，中央銀行による金利調整によりドル高是正が実施されたものの，1987年にアメリカは対外純債務国へ転落した。

5 正しい。MERCOSURは，アルゼンチン，ブラジル，パラグアイ，ウルグアイの4カ国が参加して1995年に発足した，財，サービス，労働の域内自由市場をめざす共同市場である。その後，加盟国は増加している。

Point

- □ スミソニアン体制時の為替レートは固定相場制である。
- □ GATTが1995年に発展的解消して設立されたのがWTO（世界貿易機関）である。

Ⓐ：ブレトン・ウッズ，Ⓑ：IMF（国際通貨基金），Ⓒ：GATT（関税および貿易に関する一般協定），Ⓓ：ニクソン，Ⓔ：双子の赤字，Ⓕ：プラザ合意

国際通貨等の動向

1930年代から1980年代までの国際通貨等の動向に関する記述として最も妥当なのはどれか。

令和2年度
国家一般職

1 1930年代には世界恐慌の影響による不況への対策として，~~各国は，輸入品を安く大量に獲得するための激しい為替の切上げ競争を行った。この結果，為替相場も乱高下し世界貿易は不均衡となったため，各国は金本位制を導入し為替相場の安定化を図った。~~
➡各国は相次いで金本位制を停止もしくは放棄するとともに通貨安競争の時代に入った

2 第二次世界大戦後の国際経済秩序であるブレトン・ウッズ体制の下で，国際通貨基金（IMF）などの国際機関の設立と同時期に~~変動~~（固定）為替相場制が導入された。また，同体制を支えるため，~~金とドルとの交換が停止される~~（各国通貨はドルを通じて金とリンクする）とともに，米国のドルが基軸通貨とされた。

3 1970年代初頭，米国の経済力が他の先進諸国~~を圧倒~~（に対し弱体化）し，金準備高も~~増大~~（減少）していく中，米国は，ベトナム戦争への介入を契機として，金とドルの交換を~~保証~~（停止）したため，外国為替市場は~~安定に向かった。~~（不安定化した）

4 1970年代末，外国為替市場では為替投機が活発化したため，固定為替相場制を維持することが困難となり，主要各国は~~スミソニアン協定~~（キングストン合意）を結び変動為替相場制に移行した。また，為替相場の安定化に伴い，IMF加盟国が担保なしに通貨を引き出せる特別引出権（SDR）制度~~は廃止された。~~（が拡大された）

5 1980年代前半，米国は，国内の金利の上昇に伴いドル高となり，経常収支が赤字となった。このため，1980年代半ばに主要先進国の間でプラザ合意が交わされ，ドル高を是正するため各国が協調して為替介入が行われることとなった。

1 世界恐慌の影響により，主要各国は，1930年代に相次いで［Ⓐ　　　　］を停止もしくは放棄するとともに通貨安競争に突入した。また，英仏は本国と植民地におけるブロック経済を形成，日独はファシズムの道を歩み，国際貿易の規模は大きく縮小した。なお，社会主義のソ連だけが世界恐慌の影響をほとんど受けることがなかった。

2 ［Ⓑ　　　　］体制の下では，①国際基軸通貨をドルとし，各国通貨は対ドル固定相場制で金と間接的にリンクする。②設立された［Ⓒ　　　　］は，加盟国が国際収支赤字を抱えた際に外貨を貸し出す。③為替安定のために各国政府が努力する。などが合意された。

3 1960年代後半以降，アメリカは福祉重視とベトナム戦争拡大のため財政赤字は拡大するとともに，金保有量は戦後の50%を割る水準まで低下するドル危機に直面した。1971年，［Ⓓ　　　　］大統領は，アメリカの金・ドル交換停止を宣言した（［Ⓓ　　　　］・ショック）。

4 1971年12月の［Ⓔ　　　　］により，ドル引下げによる新レートの下で固定相場制が再開したが，その後もドル価値の低下が続いたため主要各国は1973年に相次いで変動相場制へ移行した。そして，1976年のキングストン合意で，変動為替相場制が正式に承認された。

5 正しい。レーガノミクスによるドル高路線の結果，アメリカは財政収支赤字と経常収支赤字という［Ⓕ　　　　］に直面した。1985年［Ⓖ　　　　］により，主要各国政府による外国為替市場への協調介入，中央銀行による金利調整によりドル高是正が実施されたものの，1987年にアメリカは対外純債務国へ転落した。

Point

- □ 世界主要国の金本位制の離脱と復帰に関して，第1次大戦中は「離脱」，戦後～世界恐慌直前にかけて「復帰」，世界恐慌～1930年代半ばは「離脱」と覚えておくとよい。
- □ 1980年代の国際金融の大まかな流れは，レーガノミクス⇒米国，双子の赤字（財政赤字と経常赤字）に直面⇒1985年プラザ合意（主要各国によるドル高是正策実施）⇒1987年ルーブル合意（急激なドル安の安定化を図る）⇒ドル安止まらず⇒ブラックマンデー

Ⓐ：金本位制，Ⓑ：ブレトン・ウッズ，Ⓒ：IMF（国際通貨基金），Ⓓ：ニクソン，Ⓔ：スミソニアン協定，Ⓕ：双子の赤字，Ⓖ：プラザ合意

第二次世界大戦後の資本主義経済

第二次世界大戦後の資本主義経済の展開に関する次の記述のうち，妥当なものはどれか。

平成11年度
国税専門官

1 大戦終結直後，疲弊した各国の経済を立て直すために，アメリカはヨーロッパに対して，トルーマン宣言に基づく~~援助，日本に対しては，~~マーシャル・プランを実施した。
日本ではなくヨーロッパ向け

2 大戦後の国際金融制度の枠組みを定めるために，アメリカ主導の下に国際通貨基金（IMF）が設立されたが，~~IMF~~は開発途上国へ長期資金を貸与することにより，国際収支の不均衡の調整に努めた。
国際復興開発銀行（IBRD）

3 各国の経済発展を図るために，ブレトンウッズ合意により成立した~~関税および貿易に関する一般協定（GATT）~~は，米ドルを資本主義の基軸通貨とし，各国通貨は米ドルと一定の交換比率に固定することを主な内容として，世界貿易の拡大を意図するものであった。
国際通貨基金（IMF）

4 ベトナム戦費などの対外軍事支出などから生じた米ドル不安に対処するため，アメリカの~~ケネディ~~政権は金・ドルの交換を停止したが，その後も米ドルの価値の下落は止まらず，結局はスミソニアン合意によって~~変動為替相場制に移行した~~。
ニクソン
スミソニアン合意は固定相場制への復帰をめざすもの

5 自由貿易を拡大するため，東京ラウンドなどで関税一括引下げ交渉が大きく前進し，ウルグアイ・ラウンドでは，物の貿易に加えて，新たにサービス，知的所有権が交渉の対象となり，また農業分野での貿易の自由化について合意がなされた。

1 アメリカはヨーロッパに対して［Ⓐ　　　　　］・プランを実施した。マーシャル・プランとは1947年にアメリカの国務長官マーシャルが発表した欧州復興計画のことで，トルーマン宣言を具体化したものであった。日本に対しては，連合国軍最高司令部（GHQ）が設置され，最高司令官マッカーサーの指揮の下でアメリカによる間接統治が行われた。

2 国際通貨基金（IMF）は，競争的な為替レートの切下げによる排他的なブロック経済圏の形成を防ぎ，為替相場の安定をめざして設立されたものである。開発途上国への融資を行ったのは，IMFではなく［Ⓑ　　　　　］（IBRD；通称「世界銀行」）である。

3 国際通貨基金（IMF）に関する説明である。関税と貿易に関する一般協定（GATT）は，貿易の自由化を進めることを目的として1948年に発足した。GATTは自由貿易，無差別［Ⓒ　　　　　］待遇，多角主義の三原則を柱としている。

4 金とドルの交換を停止したのはアメリカの［Ⓓ　　　　　］大統領である。1971年のこの出来事は「ニクソン・ショック」と呼ばれる。これによって固定相場制は事実上崩壊し，変動相場制に移行した。スミソニアン合意は，ドルの通貨価値を切り下げて再び固定相場制に復帰するための協定であったが，長続きせず，1973年には本格的に変動相場制に移行した。

5 正しい。GATTは貿易上の問題に多角的に対処するため，ラウンドという交渉の場を提供してきた。東京ラウンド（1973～79年）では農産物の関税引下げや非関税障壁の撤廃，ウルグアイ・ラウンド（1986～93年）ではサービス貿易の自由化や知的所有権の国際的保護などについて合意がなされた。

Point

☐ 第二次世界大戦後，アメリカはトルーマン宣言に基づき，ヨーロッパに対してマーシャル・プランを実施した。

☐ GATTのウルグアイ・ラウンドでは，サービス貿易の自由化や知的所有権の国際的保護などについての合意がなされた。

Ⓐ：マーシャル，Ⓑ：国際復興開発銀行，Ⓒ：最恵国，Ⓓ：ニクソン

経済用語

経済用語に関する記述として最も適当なものはどれか。

平成29年度
裁判所

1 ~~コングロマリット~~（多国籍企業）とは，複数の国に，その国の法人格を持つ子会社や系列会社を置き，利潤を最大にするように世界的規模で活動する企業のことであり，こうした企業は経済情勢の変化に強い体質を持っている。

2 ~~キャピタルゲイン~~（規模の利益）とは，大規模生産を行えば，より多くの利益が得られる，ということをさし，特に工業製品においては生産規模が拡大するほど，多くの利益が発生しやすい。

3 カルテルは，同一産業の複数の企業が，高い利潤を確保するために価格や生産量，販路等について協定を結ぶことであり，独占禁止法で禁止されている。かつては不況の場合や合理化に必要な場合に限り特別なカルテルが認められていたが，廃止された。

4 ~~コーポレート＝ガバナンス~~（フィランソロピー）とは，企業が行う社会的貢献活動や慈善的寄付行為のことであり，近年では，企業は利潤追求だけではなく，こうした公益活動を行うようになっている。

5 ~~ステークホルダー~~（プライス・リーダー）とは，寡占市場において価格決定・変更の主導権をもつ市場支配力を持った企業のことをさし，こうした有力な大企業が設定した価格を管理価格という。

1 コングロマリット（[Ⓐ　　　　]）とは，異業種のさまざまな企業を買収・合併し，多角的経営を営む巨大企業である。なお，本肢については，波線の箇所で多国籍企業であること（またはコングロマリットでないこと）を判断できれば十分であり，受験という観点から学習効率を考えた場合，正誤判断の決め手ではない「こうした企業は…」以下の内容については追究せずに無視するのが合理的である。

2 キャピタルゲインとは，土地や株式などの［Ⓑ　　　　］の上昇により生じた利益のことをいう。なお，このキャピタルゲインは，生産活動によって生み出された付加価値ではないので国内総生産（GDP）には含まれない。

3 正しい。なお，同一産業の複数の企業が，合併して新たな企業を組織することを［Ⓒ　　　　］といい，持株会社である親会社が，株式保有，役員派遣，融資関係などを通じてさまざまな産業の企業を子会社・孫会社として傘下におさめて支配する企業形態を［Ⓓ　　　　］という。

4 コーポレート＝ガバナンスとは，株主などのステークホルダー（利害関係者）によって企業を統制し，監視する仕組みのことをいう。なお，フィランソロピーは，企業による社会貢献活動の総称であり，企業による芸術・文化への支援活動を［Ⓔ　　　　］という。

5 ステークホルダーとは，企業の利害関係者（株主，従業員，顧客，取引先，地域社会など）のことである。寡占市場では，プライス・リーダーである有力企業が設定した管理価格に他の企業が追随する傾向があるので，価格は需給関係が十分には反映されず，［Ⓕ　　　　］（⇒価格が下がりにくい性質）をもつ。

☐ 寡占市場には価格の下方硬直性があり，価格競争よりも，商品のデザイン・品質や広告・宣伝などの非価格競争が行われる傾向がある。

Ⓐ：複合企業，Ⓑ：資産価格，Ⓒ：トラスト，Ⓓ：コンツェルン，Ⓔ：メセナ，Ⓕ：下方硬直性

企業

企業に関する記述として，最も妥当なのはどれか。

平成24年度
消防官

1 出資者が，~~有限責任社員と無限責任社員各1名以上~~（無限責任社員のみ）からなる合名会社は，2006年の会社法の施行以前からある企業形態である。

2 2006年の会社法の施行により，出資者全員が~~無限責任社員~~（有限責任社員）からなる合同会社の新設が認められ，有限会社は~~廃止となりすべて株式会社に移行した~~（自動的に株式会社に変更され存続することになった）。

3 コンプライアンスとは，企業~~の意思決定と監督の権限をだれがもっているかということ~~（が法令などを守って経営を行うこと）を指す言葉であり，~~企業統治~~（法令遵守など）と訳される。

4 他企業の株を買い占めて，その企業を買収・合併することをM&Aといい，特に異種産業の買収・合併によって生まれた複合企業をコングロマリットとよぶ。

5 現代の企業には，~~寄付活動~~（芸術などへの支援活動）であるメセナや，~~芸術などへの支援活動~~（慈善的活動）であるフィランソロピーなどを通じて地域社会の発展に貢献することが期待されている。

難易度 ★★ 重要度 ★★

1 [❹] は，持分会社の一つで，個人事業の事業主が複数人になって共同事業化した状態を想定した企業形態である。社員は業務を行う従業員であるとともに出資者でもあり，会社の経営に対して無限の責任を負っている。2006 年の会社法施行以前から存在したが，施行後は社員が 1 名でも設立できるようになった。

2 [❺] は，持分会社の一つで，有限責任社員のみからなる企業形態である。2006 年の会社法の施行によって，新設された。会社の設立に要する手続きが株式会社と比べ比較的容易であるため，個人事業者が法人化する際やいわゆるベンチャー企業などに多く見られる。有限会社は，会社法の施行後，新設が認められなくなったが，特例有限会社としての存続も認められている。

3 [❻] は企業が法令など社会的ルールに従って活動を行うこと。法令に違反した場合に，企業は損害賠償などの法的責任を負うだけでなく，信用失墜により売上低下などの社会的責任を負わなければならないため，重要視されるようになってきている。企業統治は，[❼] の訳語で，企業の意思決定がどのように行われるかを表している。

4 正しい。他企業の株を取得して，その企業を買収・合併することを Mergers（合併）と Acquisitions（買収）の頭文字を取って M&A とよぶ。近年，業界再編の動きの中，日本でもしばしば見られるようになってきた。このうち，相乗効果（シナジー効果）をねらって，あえて業種の異なる企業を買収・合併することもあり，こうして生まれた複合企業は [❽] とよばれる。

5 企業が資金や人材，施設などを提供して文化・芸術活動を支援することを [❾] といい，慈善的な目的で時間，労力，金銭，物品などをささげることを [❿] という。ともに企業の社会的貢献の具体的な形である。

Point

- □ 会社法では，企業形態は株式会社と持分会社に分けられ，持分会社は，その出資者（社員）の責任の有限性の有無に応じて，さらに合同会社，合資会社，合名会社に分類される。
- □ 近年，企業の社会的役割が重視されてきている。メセナやフィランソロピーなどの慈善活動とともに，コンプライアンスが求められている。

❹:合名会社，❺:合同会社，❻:コンプライアンス，❼:コーポレート・ガバナンス，
❽:コングロマリット，❾:メセナ，❿:フィランソロピー

経済097

株式

株式に関する記述として，誤っているものはどれか。

平成17年度
警察官

1 TOBとは，株式の公開買付けをいい，投資家が~~市場~~証券取引所外で大量に株式を取得する方法である。特定株主に有利な取引を~~する~~しないために，買付け目的や予定株数，買付け価格，期間などは~~未公表で~~公表して実施する。

2 新株予約権とは，株式をあらかじめ定められた価格で取得できる権利であり，取締役会の決議で発行できる。取引先との関係を強化する場合や，敵対的な株買い占めを受けている会社が友好会社に経営権を託す場合などに，特定の第三者に割り当てることがある。

3「新株発行の目的が企業の支配権維持にあるとはいえない場合であっても，その新株発行により特定の株主の持ち株比率が著しく低下されることを認識しつつも新株発行がなされた場合には，その新株発行も不正発行にあたるというべきである」という判例がある。

4 株式の時間外取引とは，証券取引所の通常の売買時間外に電子ネットワークを使って行う売買取引をいう。同一銘柄で同量の売り注文と買い注文を出し売買を成立させるクロス取引など大口取引などに活用されている。

5 株主の議決権とは，会社の経営方針などに対し，株主が有する権利をいう。一定以上の議決権を持つと経営に携わることが可能となる。具体的には，50%超で取締役の選任，利益処分などの普通決議を単独で決定できるとされている。

難易度 ★★　重要度 ★★

1 誤りなので，これが正答である。TOB（Take Over Bid）は株式の公開［Ⓐ　　　　］のことである。投資家が証券取引所の外で株式を取得するものであり，すべての株主の取引機会の平等を図るため，買付け目的や予定株数，買付け価格，期間などを公表して実施する。

2 正しい。［Ⓑ　　　　］は，最近では自社が買収されることを避けるための手段として発行される場合があり，「ポイズンピル」などといわれている。公開会社では，取締役会決議で発行できる。

3 正しい。支配権について争いがあるような会社で「乗っ取り」を防ぐために行われた新株発行を不正としたものである。

4 正しい。時間外取引は直前の市場価格を基準にした一定範囲内の価格で株式を取り引きするものであるが，［Ⓒ　　　　］がニッポン放送株を時間外に大量に取得したことから，全株式の3分の1を超える取引を時間外に行う場合に，規制されることになった。

5 正しい。株主は，自己の持つ株式に応じて議決権を持ち，株主総会においてこれを行使することができる。

Point

- ☐ TOB（株式公開買付け）は，買付け目的や予定株数，買付け価格，期間などを公表して，証券取引所外で株式を取得するものである。
- ☐ 新株予約権は，株式をあらかじめ定められた価格で取得できる権利であり，公開会社では取締役会の決議で発行できる。
- ☐ 株式の時間外取引は，証券取引所の売買時間外に行われるもので，機関投資家などが大口の取引を行う。

Ⓐ：買付け，Ⓑ：新株予約権，Ⓒ：ライブドア

経済用語

経済用語の内容を説明した記述として，妥当なのはどれか。

平成15年度
地方上級

1 ~~ディスクロージャー~~（セーフ・ガード）とは，国内産業を保護するため，ある品目の輸入を一時的に制限する措置であり，WTO（世界貿易機関）協定で認められている。

2 ~~POSシステム~~（PFI）とは，公共事業に民間資金を取り入れる手法であり，イギリスにおいて社会資本整備を民間主導で行う仕組みとして導入された。

3 ノンバンクとは，信販会社やリース会社など，預金を預からずに資金の貸し付け業務を行う金融会社のことをいう。

4 ~~タックス・ヘイブン~~（FTA）とは，地域または国との間で関税の撤廃などの通商上の障壁を除去して，自由な取引活動の実現をめざすことをいう。

5 ~~キャピタルゲイン~~（増資）とは，資金調達や資本構成の是正のため，会社が資本金を増やすことをいう。

難易度 ★☆☆　重要度 ★★☆

1 [Ⓐ　　　　　] とは，投資家保護の立場から企業の内容を一般に公開することで，証券取引法などによって規定されている。

記述されている内容は，セーフ・ガードについてのものである。

2 POS システムとは，販売時点情報管理のことであり，小売店などで商品を販売したのと同時にその売上の内容（商品名や金額など）がコンピュータに伝えられるシステムで，コンビニエンスストアなどで用いられている。

記述されている内容は，PFI（Private Finance Initiative）についてのものである。

3 正しい。[Ⓑ　　　　　] は，預金の受入れをしないという点で銀行などとは異なる。消費者金融やクレジットカード（信販会社），リースなどが該当する。

4 タックス・ヘイブンとは，租税が著しく低い国などのことであり，多国籍企業などがここに小会社を設立して税負担の軽減化を図っている。

記述されている内容は，FTA（自由貿易協定）についてのものである。

5 [Ⓒ　　　　　] とは，株式や土地などの資産価格の値上がり益を得ることである。

記述されている内容は，増資についてのものである。

Point

- ☐ ディスクロージャーとは，投資家保護の立場から企業の内容を一般に公開することである。
- ☐ POS システムとは，販売時点情報管理のことであり，商品を販売したのと同時にその内容がコンピュータに伝えられるシステムである。
- ☐ PFI とは，公共事業に民間資金を取り入れる手法である。
- ☐ FTA とは，地域または国の間で，関税の撤廃などを行って自由な貿易活動の実現をめざす協定である。

Ⓐ：ディスクロージャー，Ⓑ：ノンバンク，Ⓒ：キャピタルゲイン

経済用語

経済用語の内容を説明した記述として，妥当なのはどれか。

平成23年度
地方上級

1 マネー・サプライとは，~~日本銀行や金融機関などの経済主体~~が保有する通貨量
一般法人，個人，地方公共団体などの通貨保有主体
のことをいい，その大きさや回転の速さは，景気変動や物価に大きな影響を与えている。

2 ヘッジファンドとは，投資家から資金を集めてハイリスク・ハイリターンの金融商品を運用する投機的性格の強い投資信託のことをいい，この投機的資金の流出入が各国での通貨危機の原因になった。

3 ~~ストック~~とは，国内総生産などのように，ある一定期間における経済活動の量
フロー
を示すものをいい，ある特定時点における財貨の蓄積量を示すものを~~フロー~~と
ストック
いう。

4 プライス・リーダーとは，~~完全競争市場~~において，価格支配力を持つ企業のこ
不完全競争市場
とをいい，最も高い市場占有率を有する企業がその役割をなし，プライス・リーダーの価格決定に引きずられる形で，市場価格が形成される。

5 ドッジ・ラインとは，~~デフレーション~~を収束させるためにとられた予算の収支
インフレーション
均衡，復興金融債券の発行禁止，単一為替レートの確立などの政策のことをいう。

1 [Ⓐ　　　　] とは，金融機関・中央政府以外の一般法人，個人，地方公共団体などの通貨保有主体が保有する通貨量（金融部門から経済全体に供給されている通貨の総量）である。[Ⓑ　　　　] とは，日本銀行が供給する通貨のことであり，市中に出回っている流通現金（＝日本銀行券発行高＋貨幣流通高）と日銀当座預金の合計である。日本銀行は，[Ⓑ　　　　] を操作することによって，[Ⓐ　　　　] の量を調節する。貨幣乗数が大きいほど，より多くの [Ⓐ　　　　] を生み出す。景気が悪い場合，利子率を下げ，投資を促すために，[Ⓐ　　　　] を増やす。また，[Ⓐ　　　　] が大きくなることによって物価は引き上げられる。

2 正しい。[Ⓒ　　　　] とは，金融機関や富裕層から巨額の資金を集め，金融技術を駆使して高収益を得られるように運用する投資組合である。世界の金融市場における影響力は大きい。1997 年のアジア通貨危機はタイを中心に始まったが，このとき，[Ⓒ　　　　] は巨額の儲けを得た一方でタイ経済は大混乱に陥った。同様に，インドネシア，韓国経済に対しても大きな打撃を与えた。

3 [Ⓓ　　　　] とは，ある一定期間における量を示すものであり，例として国内総生産が挙げられる。ある特定時点における蓄積量を示すものを [Ⓔ　　　　] といい，例として，国富が挙げられる。

4 完全競争市場では，すべての企業は価格支配力を持たず，プライス・テイカーとして行動する。一方，独占や寡占などの不完全競争市場においては企業は価格支配力を持つ。プライス・リーダーが存在する不完全競争市場においては，プライス・リーダーによる価格設定によって市場価格が設定される。

5 [Ⓕ　　　　] とは，1949 年の日本でインフレーションを収束するためにとられた予算の収支均衡，復興金融債券の発行禁止，単一為替レートの確立などの政策のことをいう。この政策により，インフレからデフレ基調になり，経済が停滞した。また，為替レートは 1 ドル＝ 360 円に設定された。

Point

- ☐ 日本銀行はハイパワードマネーを操作することによってマネー・サプライを調節する。
- ☐ ヘッジファンドによる巨額の資金運用はアジア通貨危機などの経済危機を招いた。

Ⓐ：マネー・サプライ（マネーストック），Ⓑ：ハイパワードマネー（マネタリーベース），Ⓒ：ヘッジファンド，Ⓓ：フロー，Ⓔ：ストック，Ⓕ：ドッジ・ライン

労働や雇用に関する用語

社会における労働や雇用に関する記述として最も妥当なのはどれか。

平成21年度
国税専門官

1 ~~コンプライアンス~~は，企業内や社会における従来のスタンダードにとらわれず，
ダイバーシティ
性別，年齢，国籍などの多様な属性や価値・発想などを積極的に取り入れることで，ビジネス環境の変化に迅速かつ柔軟に対応し，企業の成長につなげようとする戦略である。

2 ~~シェアホルダー~~は，企業を取り巻く投資家，取引先，債権者，消費者，従業員，
ステークホルダー
地域住民のほか，コミュニティなどをも含む利害関係者のことである。株主である~~ステークホルダー~~と対置され，ソーシャルマーケティングの拡大に伴って
シェアホルダー
注目されてきている。

3 ホワイトカラー・エグゼンプションは，管理職や専門職など裁量性の高い業務に従事する従業員に対し，~~超過労働時間が発生した場合にその長さに応じて役~~
労働時間規制の適用除外とする
~~職手当等の削減等を行う~~ことによって，~~労働時間の短縮を促進する~~制度である。
成果によって賃金を決める

4 ~~オープン・ショップ~~は，企業採用時には組合員でなくとも雇用され，一定期間
ユニオン・ショップ
を過ぎた後には組合員に加入する義務を課し，加入しない者は使用者から解雇される制度であり，未組織労働者が安い賃金で働くことを防止する，組織強制の一つである。

5 メンタリングは，知識や経験の豊富な人がメンターとなり，そうでない人に対して一定期間継続して行う支援のことである。企業などでは，仕事上の上司・部下関係とは別のつながりを作り，若手社員等を精神面で支えるメンター制度が導入されてきている。

難易度 ★★★ 重要度 ★

1 コンプライアンスは「[Ⓐ　　　　　] 遵守」のことで，特に企業が経営活動を行ううえでさまざまな規則や規範を遵守することをさす。近年，違法行為や反社会的行為を行って消費者や取引先からの信頼を失う企業が増加する中で提唱されるようになった概念である。

2 ソーシャルマーケティングは，企業の利益追求中心のマーケティングに対置される概念で，企業を取り巻く社会とのかかわりを重視するマーケティングをさす。[Ⓑ　　　　　] ホルダーは顧客や株主だけでなく，従業員や地域住民，官公庁など，企業活動にかかわるすべての人を含む用語で，ソーシャルマーケティングに関連している。

3 ホワイトカラー・エグゼンプションは，一定年収以上のホワイトカラー労働者に対する労働時間規制の適用を免除する制度のことである。この制度は，裁量性の高い職種について，労働時間ではなく労働の [Ⓒ　　　　　] によって賃金を決めることを目的としている。これにより，残業代などが発生しなくなるため，経営側にはメリットがあるが，労働者側には給与所得の減少や [Ⓓ　　　　　] の延長などのデメリットがあると指摘されている。

4 オープン・ショップは，労働者が採用・解雇・労働条件などについて，労働組合に加入していてもいなくても，使用者から平等な扱いを受ける制度である。また，クローズド・ショップは，労働組合に加入していることを条件に使用者が労働者を雇用し，組合を脱退した者を解雇する制度であるが，日本では見られない。日本の大手企業の労働組合はユニオン・ショップが多い。

5 正しい。経験が豊富な「メンター」に対して，未熟で支援を受ける側を「メンティ」という。

Point

- □ ホワイトカラー・エグゼンプションは，裁量性の高い業務に従事する者に対して労働時間規制の適用を免除する制度である。
- □ 企業内で知識や経験の豊富な「メンター」が，経験の浅い「メンティ」を支援するメンター制度が導入されている。

Ⓐ：法令，Ⓑ：ステーク，Ⓒ：成果，Ⓓ：労働時間

●本書の内容に関するお問合せについて

本書の内容に誤りと思われるところがありましたら，まずは小社ブックスサイト（jitsumu. hondana. jp）中の本書ページ内にある正誤表・訂正表をご確認ください。正誤表・訂正表がない場合や訂正表に該当箇所が掲載されていない場合は，書名，発行年月日，お客様の名前・連絡先，該当箇所のページ番号と具体的な誤りの内容・理由等をご記入のうえ，郵便，FAX，メールにてお問合せください。

〒163-8671　東京都新宿区新宿 1-1-12　実務教育出版　第二編集部問合せ窓口
FAX：03-5369-2237　　E-mail：jitsumu_2hen@jitsumu.co.jp

【ご注意】
※電話でのお問合せは，一切受け付けておりません。
※内容の正誤以外のお問合せ（詳しい解説・受験指導のご要望等）には対応できません。

編集協力　群企画
カバーデザイン　サイクルデザイン
本文デザイン　サイクルデザイン
イラスト　アキワシンヤ

上・中級公務員試験
過去問ダイレクトナビ 政治・経済

2021年12月10日　初版第1刷発行

編者●資格試験研究会
発行者●小山隆之
発行所●株式会社 実務教育出版
〒163-8671　東京都新宿区新宿1-1-12
TEL●03-3355-1812（編集）03-3355-1951（販売）
振替●00160-0-78270

組版●エディポック，ジェット　印刷●日本制作センター　製本●ブックアート

ISBN 978-4-7889-4669-9 C0030 Printed in Japan

要点整理集

一般知識分野、専門分野の過去問から重要テーマ・頻出項目をピックアップし、出題のポイントをわかりやすくまとめた要点整理集です。基礎固めだけでなく、短期間で実戦力もアップできます。

一般知識 まるごとチェック！［改訂版］
資格試験研究会編●定価1320円

一般知識 まるごとクエスチョン［改訂版］
資格試験研究会編●定価1320円

行政5科目 まるごとパスワード neo2
高瀬淳一著●定価1430円

行政5科目 まるごとインストール neo2
高瀬淳一著●定価1430円

法律5科目 まるごとエッセンス［改訂第4版］
九条正臣著●定価1430円

速攻の直前対策

『公務員試験　速攻の時事』は白書や統計、政府の施策など公務員試験独特の時事問題にポイントを絞って解説する基本書、『実戦トレーニング編』はその知識定着を図るための問題演習書です。

公務員試験 **速攻の時事**［年度版］
資格試験研究会編

公務員試験 **速攻の時事** 実戦トレーニング編［年度版］
資格試験研究会編

公務員試験の英語、苦手科目にする受験生の多い自然科学、論文や面接などで重視されるようになっている行政課題・政策論、警察官採用試験で重視される漢字のための短期攻略本です。

公務員試験 **速攻の英語**
資格試験研究会編●定価1320円

公務員試験 **速攻の自然科学**
資格試験研究会編●定価1320円

公務員試験 論文・面接で問われる **行政課題・政策論のポイント**［年度版］
高瀬淳一編著

警察官採用試験 **漢字力7日間トレーニング**［改訂版］
資格試験研究会編●定価990円

論文対策・専門記述式対策

合格レベルの答案を書くためにどんな知識を身につけておくべきか、その知識を生かしてどうまとめればいいか、実際の出題例をもとに詳しく解説しています。

公務員試験 **現職採点官が教える！合格論文術**
［年度版］　春日文生著

大卒警察官 **合格論文はこう書く！**［改訂版］
資格試験研究会編●定価1540円

地方上級／国家一般職［大卒］／市役所上・中級 **論文試験 頻出テーマのまとめ方**
［年度版］　吉岡友治著

公務員試験 **元警察人事が教える！ホントの警察官論文対策**
大貫啓行監修／資格試験研究会編●定価1430円

公務員試験 **無敵の論文メソッド**
鈴木鋭智著●定価1320円

公務員試験 **現職採点官が教える！社会人・経験者の合格論文＆面接術**
［年度版］　春日文生著

行政系の専門試験は５肢択一式が多いですが、なかには記述式の専門試験を課しているところもあります。記述式試験では何が求められているのか、合格答案作成のためのノウハウが満載です。

公務員試験 **専門記述式 憲法 答案完成ゼミ**
資格試験研究会編●定価1980円

公務員試験 **専門記述式 民法・行政法 答案完成ゼミ**［改訂版］
資格試験研究会編●定価1980円

面接対策

面接重視・人物重視の流れはますます加速しています。早いうちから対策を練って面接官や人事に「この人と一緒に働きたい！」と思わせるよう戦略的にアピールしないと、内定はもらえません。

公務員試験 **現職人事が書いた「面接試験・官庁訪問」の本**
［年度版］　大賀英徳著

公務員試験 **現職採点官が教える！合格面接術**
［年度版］　春日文生著

公務員試験 **現職人事が書いた「自己PR・志望動機・提出書類」の本**
［年度版］　大賀英徳著

大卒程度公務員 **面接対策ハンドブック**［年度版］
資格試験研究会編

公務員試験 **大事なことだけ シンプル面接術**
［年度版］　後藤和也著

公務員試験 **元面接官が教える！ホントの警察官面接対策**
大貫啓行監修／資格試験研究会編●定価1320円

公務員面接を勝ち抜く力
小紫雅史著●定価1320円

年度版の書籍については、当社ホームページで価格をご確認ください。https://www.jitsumu.co.jp/

[受験ジャーナル]

「受験ジャーナル」は、日本で唯一の公務員試験情報誌です。各試験の分析や最新の採用情報、合格体験記、実力を試す基礎力チェック問題など、合格に不可欠な情報をお届けします。令和４年度の採用試験に向けては、定期号６冊、特別企画５冊、別冊１冊を刊行する予定です（令和３年５月現在）。

区分	誌名	内容	発売
定期号	4年度試験対応 vol.1	巻頭企画：合格・内定への5つの鉄則 徹底攻略：国家総合職、東京都	令和3年10月1日 発売予定
	4年度試験対応 vol.2	徹底攻略：特別区、裁判所 受験データバンク：地方上級①	令和3年11月1日 発売予定
	4年度試験対応 vol.3	徹底攻略：国家一般職 受験データバンク：地方上級②	令和4年1月1日 発売予定
	4年度試験対応 vol.4	特集：地方上級　試験分析&出題予想 徹底攻略：国家専門職	令和4年2月1日 発売予定
	4年度試験対応 vol.5	特集：市役所　試験分析&出題予想 試験データ：地方上・中級等試験実施結果	令和4年3月1日 発売予定
	4年度試験対応 vol.6	特集①：時事の予想問題　特集②：市役所事務系早見表 試験データ：市役所事務系試験実施結果	令和4年4月1日 発売予定

区分		誌名	発売
特別企画	特別企画①	学習スタートブック 4年度試験対応	既　刊
	特別企画②	公務員の仕事入門ブック 4年度試験対応	令和3年7月中旬 発売予定
	特別企画③	4年度 直前対策ブック	令和4年2月中旬 発売予定
	特別企画④	4年度 面接完全攻略ブック	令和4年3月中旬 発売予定
	特別企画⑤	4年度 直前予想問題	令和4年3月下旬 発売予定
	別　冊	4年度 国立大学法人等職員採用試験攻略ブック	令和3年12月上旬 発売予定

厳選1000問をeラーニングで完全マスター！

eラーニング【公務員試験】平成22年度～令和2年度
大卒[教養]過去問1000

eラーニング【公務員試験】平成20年度～令和2年度
大卒[専門]過去問1000

「過去問1000」は、スマートフォン・タブレット・PCなどで、いつでもどこでも学習できるe ラーニングシステムです！

- 利用期間：お申込日から　1年間有効
- 定価各：5,500円（税込）
- 申込受付期間：2021年4月1日～2022年3月31日